Britta Hahn

Ich will anders, als du willst, Mama

Kinder dürfen ihren Willen haben – Eltern auch

Erfahrungen mit der Anwendung von Gewaltfreier Kommunikation in der Familie

www.junfermann.de

blogweise.junfermann.de

www.facebook.com/junfermann

twitter.com/junfermann

www.youtube.com/user/Junfermann

www.instagram.com/junfermannverlag

BRITTA HAHN

ICH WILL ANDERS, ALS DU WILLST, MAMA

KINDER DÜRFEN IHREN WILLEN HABEN
– ELTERN AUCH

ERFAHRUNGEN MIT DER ANWENDUNG
VON GEWALTFREIER KOMMUNIKATION
IN DER FAMILIE

Junfermann Verlag
Paderborn
2010

Copyright	© Junfermann Verlag, Paderborn 2007 2. Auflage 2010
Coverfoto	© Iuliia Komarova, istockphoto.com
Fotos imBuch	Jochen Hahne (S. 108),Ulrike Frey (S. 164/165), sämtliche anderen Fotos: Conny Kurz
Covergestaltung / Reihenentwurf	Junfermann Druck & Service GmbH & Co. KG, Paderborn
Satz	Junfermann Druck & Service GmbH & Co. KG, Paderborn

Bibliografische Information der Deutschen Nationalbibliothek

Die Deutsche Nationalbibliothek verzeichnet diese Publikation in der Deutschen Nationalbibliografie; detaillierte bibliografische Daten sind im Internet über http://dnb.d-nb.de abrufbar.

ISBN 978-3-87387-665-1
Dieses Buch erscheint parallel als E-Book.
ISBN: 978-3-87387-804-4 (EPUB), 978-3-95571-064-4 (MOBI), 978-3-95571-065-1 (PDF).

Inhalt

Einleitende Gedanken 9
Dank 10
Einführung: Wozu das Kind seinen Willen braucht 13
Eltern wollen das Beste für das eigene Kind 13
Der Wille der Eltern und der Wille des Kindes 16
Jeder Mensch braucht einen eigenen Willen 16
Der Unterschied von Wille und Wunsch 17
Der Wille gestaltet – ohne den Willen bleiben Wünsche unerfüllt 19
Willenskonflikte 20

TEIL I: DAS KIND WILL – DIE ELTERN SAGEN NEIN 23
Das Kind darf wollen 24
Stopp in Gefahrensituationen 25

1. WANN SETZEN ELTERN GRENZEN? 27
1.1 Schutz für den Körper 27
1.1.1 Körperliche Grenzen 27
1.1.2 Schützende Kraft in Verbindung mit Einfühlung: „Ich will allein über die Straße!“ 28
1.2 Schutz für die Seele 30
1.2.1 Seelische Bedürfnisse 30
1.3 Schutz für die Gemeinschaft 39
1.3.1 Werte vermitteln 39
1.3.2 Ein Messinstrument für Werte 62
1.3.3 Gewissen 71
1.3.4 Verantwortung und Einsicht in Lebenszusammenhänge 72
1.3.5 Kinder lernen Zusammenhänge kennen 75
1.3.6 Eltern tragen noch Verantwortung für das Kind 78
1.3.7 Eltern übergeben zu früh Verantwortung an das Kind 81
1.3.8 Dem Kind Verantwortung übergeben 82

2. WIE SETZEN ELTERN GRENZEN? 85
2.1 Autoritäre und harmonisierende Erziehung 88
2.2 Der Wille des Kindes ist immer in Ordnung 91
2.3 Nein Sagen 92
2.4 Zusammenfassung 95

TEIL II: DIE ELTERN WOLLEN – DAS KIND SAGT NEIN 97
Eltern erbitten Mitarbeit vom Kind 98

3. STELLVERTRETENDE KRAFT: DAS KIND INS BETT TRAGEN 101
3.1 Eltern handeln für das Kind 104
3.2 Eltern entscheiden für das Kind: Villinger Fasnet? 108
3.3 Das Kind bekommt Verantwortung 112
3.4 Kommunikation ohne Handeln überfordert Kinder 114
3.5 Kinder brauchen Freiheit und Grenzen 115

4. ZWINGENDE KRAFT: IST STRAFE SINNVOLL? 117
4.1 Mit Scham strafen 119
4.2 Mit Schuld strafen 120
4.3 Aber man MUSS doch einfach 124
4.4 Iss sofort die Schokolade 125
4.5 Der Mut, Nein zu sagen 126

5. FREIWILLIGKEIT 127
5.1 Nie mehr MÜSSEN 128
5.2 Gegenseitige Hilfe 129
5.3 Freiwillig lernen 131
5.4 Selbstverantwortung 133
5.4.1 Im Beruf sich unterordnen? 133
5.4.2 Mithilfe im Haushalt: freiwillig 133
5.5 Stellvertretende oder zwingende Kraft: Essen wir gemeinsam? 135
5.6 Den Willen des Kindes stärken 137
5.7 Verantwortung für Entscheidungen tragen: Sollen Kinder Strafarbeiten machen? 142
5.8 Jeder gibt gern freiwillig 144
5.8.1 Mülleimer hinaustragen: Bitte oder Forderung? 145
5.8.2 Deckst du den Tisch? 146
5.8.3 Holst du den Sprudel? 147
5.8.4 Gern früh aufstehen!. 148
5.8.5 Keine Lust auf Schule! 149

5.9 Mit „Fehlern“ umgehen ... 150
5.9.1 Elisa lässt das Baby fallen ... 150
5.9.2 Der Laptop fällt runter ... 152
5.9.3 Wachs auf der Tischdecke ... 152
5.10 Vom Ärger zur Gelassenheit ... 153
5.10.1 Zu spät gekommen ... 153
5.11 Konflikte in der Familie ... 155
5.11.1 Eine Feder für zwei Mädchen ... 155
5.11.2 „Hausschuhkrieg“ ... 156
5.11.3 Neue Wege für Familien ... 156
5.12 Einfühlung für Mama ... 158
5.12.1 Meine Wolldecke liegt im Dreck! ... 158
5.12.2 Glückliche Kinder ... 159
5.13 Glückliche Eltern, wütende Eltern ... 160

DIE GEWALTFREIE KOMMUNIKATION IN DER BEGLEITUNG VON KINDERN ... 161
Einleitung ... 161
1. Wer hat ein Problem? ... 162
2. Die vier Schritte der Gewaltfreien Kommunikation ... 163
3. Deine Seite: „Wie geht es dir gerade?“ – Empathie geben ... 164
4. Meine Seite ... 164
5. Gewaltfrei Nein sagen oder schützende Macht anwenden ... 165
6. Immer dieser Ärger ... 166
7. Danke ... 167
8. So wollte ich es nicht ... 168
9. Beziehungsfreundlich ... 168

Literaturnachweis und Empfehlungen ... 170

Einleitende Gedanken

Kinder einfühlsam ins Leben zu begleiten heißt verstehen, dass diese nicht durch Befehlen, Verbieten, Ermahnen, Belehren, Bestrafen und Belohnen lernen und wachsen, sondern durch Zuschauen, Nachmachen, Mitmachen, Vereinbaren und Selbermachen all dessen, was sie auf ihrem Weg brauchen. Eine solche Erziehung ist keine Norm, sondern eine Richtung.

Britta Hahn zeigt sie uns in ihrem Buch auf. Weitgehend geprägt von den Elementen der Gewaltfreien Kommunikation nach Marshall Rosenberg, beschreibt sie die Erfahrungen im Leben mit ihren Kindern in lebendigen und authentischen Dialogen. Sie erinnert sich dabei an ihre eigenen Erziehungsmuster. Während sie diese zu überwinden versucht, lernt sie Dinge, die ihren Kindern selbstverständlich sind. Sie entdeckt die Kraft, die auf gegenseitigem Vertrauen und Respekt beruht, die Menschen dafür öffnet, aufeinander zu hören, voneinander zu lernen und einander zu geben mit dem Wissen, zum Wohlbefinden des anderen beizutragen.

Es geht vor allem darum, den Willen des Kindes zu achten, sein Tun, das aus Freude und nicht aus Pflicht heraus geschieht, das frei ist von Angst, von Gefühlen der Schuld und Scham, zu respektieren und damit die innere Verbindung zu stärken. Dann erwächst Kindern aus einer solchen Beziehung die Kraft, in unserer Welt anzukommen und ihren eigenen Weg zu finden.

Möge dieses Buch für alle, die mit Kindern leben und immer wieder vor Fragen und Herausforderungen stehen, Anregung und Unterstützung sein!

Isolde Teschner

Dank

Mein größter Dank gilt meinen Kindern Oskar, Albert, Clara und Hildegard. Jedes hat dazu beigetragen, dass ich meine Fähigkeiten erweitern konnte, einen anderen Menschen und dessen Sichtweise wahrzunehmen. Fremden Menschen wäre ich aus dem Weg gegangen, wenn diese nicht akzeptiert hätten, dass ich sie umformen wollte. Meine Kinder blieben bei mir, weil sie aufgrund ihrer seelischen Abhängigkeit auf mich angewiesen waren. Sie boten aber meinen Erziehungsmaßnahmen erfolgreich Widerstand, an dem ich lernte. Zeitweise war es für meine Kinder anstrengend, gut für sich zu sorgen. Ich bin sehr dankbar, dass nach allem, was schmerzhaft war, heute zwischen uns ein liebevolles Wohlwollen füreinander steht. Ich freue mich daran, dass sie, auch wenn sie älter sind, mich an ihrem Leben teilnehmen lassen.

Meine Kinder erscheinen im Buch mit geänderten Namen, da es ihnen wichtig ist, dass ihre Geschichten privat bleiben. Grundsätzlich sind sie einverstanden, dass ich von ihnen schreibe, weil sie möchten, dass andere Kinder ohne Strafe aufwachsen können. Gerade meine älteren Kinder kennen den Unterschied noch aus eigener Erfahrung. Ich danke auch den Eltern, die mir ihre Geschichten mit ihren Kindern anvertraut haben und einer Veröffentlichung unter veränderten Namen zustimmten. Die Kinder dieser Eltern merkten Erleichterung im Zusammenleben mit ihren Eltern, nachdem diese das hier Beschriebene umzusetzen lernten.

Das gesamte Buch ist inspiriert durch stundenlange Gespräche mit meinem Mann. Zeitweise vereinbarten wir, dass wir weder den Namen Rosenberg noch Kinderthemen eine Stunde vor dem Schlafengehen erwähnten, weil wir wegen der daraus entstehenden Diskussionen keinen Schlaf mehr fanden. Meine Erkenntnisse profitieren von dem historischen und juristischen Wissen meines Mannes. Durch ihn lernte ich die Gedanken vieler berühmter Vordenker kennen, die mein eigenes Denken beeinflussten: Leo Tolstoi, Immanuel Kant, Karl Jaspers, Simone Weil, Hannah Arendt, Dorothee Sölle und Anarchisten wie Clara Wichmann, Peter Kropotkin, Erich Mühsam, Gustav Landauer und andere. Die Anarchisten des 19. Jahrhunderts entwickelten in ihren Ideen Gesellschaftsformen, in denen alle Menschen ihren selbstbestimmten Lebensraum haben. Diese Art von Anarchismus hat nichts mit Chaos oder Gewalt zu tun, sondern will ein Gleichgewicht von Freiheit und Geborgenheit in Gemeinschaften vermitteln. Dieses Gleichgewicht von Freiheit und Geborgenheit wollen wir auch mit unseren Kindern leben und suchen bis heute Wege, wie jeder seinen Lebensstil entwickeln kann in Achtung vor dem Lebensstil des anderen.

Die Lebensumstände brachten es mit sich, das wir mit Ernst-Ludwig Iskenius zusammen unter einem Dach leben. Beruflich kümmert er sich als Arzt in einem Folter-Opfer-Zentrum um Außenseiter unserer Gesellschaft, eine Randgruppe von Flüchtlingen. Ich konnte rein praktisch dieses Buch schreiben, weil er jederzeit mit anpackt, wenn es ums Organisieren eines Haushalts mit vier Kindern geht. Wie sonst kann ich als Mutter, die drei Viertel der Woche ärztlich arbeitet und Elternseminare gibt, noch ein Buch schreiben. Seit 17 Jahren verlasse ich mich darauf, dass er einmal die Woche kocht und die Kinder ab und zu ein Wochenende betreut, wenn auch mein Mann unterwegs ist.

Zusätzlich kommt Letezion Dannecker jede Woche mehrere Stunden die Woche zu uns und putzt und räumt auf, eine Arbeit, die nie endet. Sie kam vor 16 Jahren als Flüchtling aus Eritrea nach Deutschland und sagte immer in den vielen Jahren, als der Staat Deutschland ein hohes Interesse hatte, sie wieder zurückzuschicken: „Der Herr Hahn und Jesus helfen mir, dass ich bleiben kann." Heute ist sie Deutsche, weil sie einen Deutschen geheiratet und ein Kind von sechs Jahren hat. Ich wünsche jeder Mutter eine Haushaltshilfe und bin gespannt, wann der Staat Deutschland aufhört, Menschen wegzuschicken, die mit uns leben wollen. Ich danke Elu und Letizion, die es mir leicht machen, dass ich in einem Familienparadies lebe.

Unsere Oma wohnt in der Nähe, ist 90 Jahre alt und jederzeit für ihre Enkel da. Wenn ein Kind sagt, „Mama, du bist nie da", dann bin ich traurig, weil ich eigentlich als „ideale" Mutter „immer" für sie da sein möchte. Ich weiß jedoch, die Kinder haben ihre Oma, die aus ihrer Lebenssituation heraus diese verlässliche Präsenz zeigen kann. Oma ist für mich ein Modell von Großmutter, das ich schon in mir trage. Großeltern können mit mehr Lebenserfahrung und weniger Verantwortung für die gesamte Lebensgestaltung Enkelkindern bedingungslose Liebe weitergeben. Auch meine Eltern, die räumlich nicht zu Fuß erreichbar sind, haben mit ihrem Engagement für ihre Enkel mich in vielen Situationen entlastet. Jetzt haben sie sich von ihrem Erziehungsauftrag mir gegenüber gelöst und ich erlebe sie angenehm nachsichtig, mehr als in der Zeit, in der ich selbst Kind bei ihnen war.

Raymond di Ronco war acht Jahre der Klassenlehrer meines älteren Sohnes. In einer Waldorfschule lernen die Eltern an den Elternabenden parallel zum Alter ihres Kindes dessen Entwicklungsschritte kennen. Das anthroposophische Weltbild war mir anfänglich fremd, gab mir aber Einsichten, die mich als Mutter stärkten. Die Entwicklung der kindlichen Persönlichkeit steht im Mittelpunkt der pädagogischen Bemühungen. Eingeflossen sind in dieses Buch Erkenntnisse aus der Anthroposophie über die Bedeutung von Regeln und Rhythmen innerhalb der ersten Lebensjahre eines Kindes. Raymond verdanke ich, dass er die „verschnörkelte" Sprache der Anthroposophie zeitgemäß übersetzen kann. So konnte ich zuhören und viel verstehen und wichtige Gedanken für meine Kinder mitnehmen. Diese Erkenntnisse beflügelten ein paar Eltern und mich, den ersten Waldkindergarten unserer Region zu gründen. Ich erkannte, wie wichtig „Lernen durch Be-greifen“ in den ersten Lebensjahren ist. Seitdem kenne ich den spielzeugfreien Kindergarten. Ich danke allen Eltern und den damaligen Erzieherinnen. Es war eine spannende Zeit und ich bin froh, dass wir es (www.wald-kindergarten.de) geschafft haben.

Zuletzt gilt mein Dank Ulrike Frey. Sie hat in vielen Stunden mein Manuskript korrigiert. Erst durch ihre Bemühungen wurde es sprachlich lesbar, sodass der Junfermann Verlag es übernommen hat und das Buch so einem großen Leserkreis zur Verfügung stellt.

Einführung: Wozu das Kind seinen Willen braucht

Je mehr Bewusstsein, desto mehr Selbst;
je mehr Bewusstsein, desto mehr Wille;
je mehr Wille, desto mehr Selbst.
Ein Mensch, der keinen Willen hat, ist kein Selbst;
aber je mehr Willen er hat, desto mehr Selbstbewusstsein hat er auch.
– *Sören Kierkegaard*

Eltern wollen das Beste für das eigene Kind

Thomas Gordon hat durch die Einführung der Familienkonferenz in den 60er-Jahren dazu beigetragen, die autoritären Strukturen in den Familien zugunsten von mehr Gleichwertigkeit zwischen Eltern und Kindern zu verändern.

Als mein erstes Kind acht Jahre alt war, habe ich an einem Gordon-Training teilgenommen. Dieses Training hat mir eine erste Orientierung für einen gewaltfreien Umgang mit meinen Kindern gegeben. Vier Jahre später habe ich Marshall Rosenbergs Gewaltfreie Kommunikation kennengelernt. Meine Kinder waren zu diesem Zeitpunkt zwölf, neun, sieben und drei Jahre alt. Seitdem sind sieben Jahre vergangen.

Die Ich-Botschaften, die ich bei Thomas Gordon kennengelernt hatte, um ein für mich unannehmbares Verhalten meines Kindes anzusprechen, enthielten drei Elemente: die Bewertung dessen, was mein Kind tut, mein Gefühl, während ich dieses Verhalten des Kindes beobachte, und die für mich daraus entstehenden Folgen. Auf folgende Weise habe ich ein unannehmbares Verhalten meines Sohnes angesprochen: *„Das Radio ist zu laut. Ich ärgere mich, weil ich mich bei meiner Arbeit nicht konzentrieren kann."*

Obwohl durch dieses Gordon-Familientraining sich in unserer Familie alle entspannter und wohler fühlten, sorgte gerade der obige Satz für sehr viel Konfliktstoff. Zum einen fragte mich mein achtjähriger Sohn, ob er das Radio so laut stellen solle, dass ich merken könne, was für ihn wirklich laut sei. Zum anderen fing er an, mir zu erklären, wie gut er sich konzentrieren könne, wenn er beim Arbeiten laute Musik höre. In solchen Situationen schrie ich dann zurück: „Maaaaach endlich das Radio leiser!!!“, und er antwortete überrascht: „Warum hast du mir das denn nicht gleich gesagt?“

Marshall Rosenberg, der wie Thomas Gordon bei Carl Rogers Gesprächstherapie gelernt hat, erweiterte die Ich-Botschaft um einige Elemente. Was sich zunächst für mich wie eine sinnvolle Gesprächstechnik anhörte, damit meine Kinder besser funktionieren, entfaltete sich mir in den folgenden Jahren als eine innere Haltung gegenüber meinen Kindern und allen anderen Menschen.

Die Formulierung des oben genannten Radio-Satzes hört sich mit den vier Schritten der Gewaltfreien Kommunikation nach Rosenberg folgendermaßen an: *„Das Radio ist angeschaltet, es ist für mich zu laut, ich bin genervt, weil ich meine Aufmerksamkeit für meine Arbeit brauche, und das gelingt mir besser, wenn das Radio abgeschaltet ist. Schalte bitte das Radio aus.“*

So ungefähr sagte ich es meinem Sohn bei der nächsten Gelegenheit. Ich war völlig überrascht, als er mich erstaunt anschaute, nach seinem Kopfhörer griff und meinte: *„Komisch, ich kann bei Musik aufmerksam sein. Wenn du es nicht kannst, höre ich über Kopfhörer, dann kannst du aufmerksam sein und ich kann Musik hören.“*

Ich begriff, dass ein anderer Mensch mir leichter zuhören kann, wenn ich von meinen Bedürfnissen rede statt von negativen Folgen, die das Verhalten des anderen auslösen. Ich war von den kooperativen Reaktionen der Kinder begeistert. Sowohl ich wie auch die Kinder lernten unsere Bedürfnisse zu äußern. Ich trennte Beobachtungen von Bewertungen. Die Lautstärke eines Radios ist eben eine subjektive Wahrnehmung, je nachdem ob man einen Jugendlichen oder eine Mutter fragt. Objektiv ist die Beobachtung, ob ein Radio an- oder ausgeschaltet ist. Ich lernte auch im Laufe der Jahre, Ich-Botschaften mit einer Bitte enden zu lassen. Das hilft meinem Kind zu verstehen, was ich überhaupt von ihm will. Zuvor waren meine Kinder von mir darauf trainiert worden, Forderungen zu erfüllen. Es dauerte Jahre, bis sie vertrauen konnten, dass ich wirklich Bitten statt Forderungen meinte.

Durch die Gordon-Methode lernte ich, überhaupt mit den Kindern zu reden, statt sie vor vollendete Tatsachen zu stellen, wie ich es in dem Erziehungsmodell meiner Kindheit erlebt hatte. Wie bei allen neuen Entdeckungen hatte ich es mit den Erklärungen etwas übertrieben. Wenn ich heute den Gesprächen junger Mütter lausche, merke ich, dass es nicht nur mir so ging. Erklärungen helfen, die Welt zu verstehen, können aber auch über die Kinder eine nicht mehr zu verarbeitende Informationsflut ausschütten. In diesen Situationen helfen sich Kinder, indem sie ihr Gehör auf Durchzug stellen.

Kinder lernen in den ersten Lebensjahren überwiegend durch eigenes Tun und Experimentieren statt durch Erklärungen der Eltern. Um ein Glas Milch einzuschenken, braucht ein Kind die Erfahrung, dass Milch ab einer bestimmten Füllmenge überläuft. Erst dann weiß ein Kind, Milch kann überlaufen. Die Erklärung, *„Pass auf, gleich läuft Milch über!“*, ist vergebens, wenn die Erfahrung fehlt. Diese Erfahrung kann das Kind auch beim Matschen im Sandkasten gewonnen haben. Kleine Kinder **begreifen** und verstehen die Welt durch eigene Handlungen.

Viele Eltern wollen ihre Kinder heute nicht mehr zum Gehorchen erziehen. Häufig wissen sie genau, wie sie mit ihren Kindern **nicht** umgehen wollen: *„Mein Vater hat mich angeschrien und meine Mutter hat mir den Hintern versohlt, um ein erwünschtes Verhalten zu erreichen. Das werde ich auf keinen Fall mit meinen Kindern machen.“*

Aus der Gehirnforschung wissen wir heute, dass unser Gehirn immer dann Probleme bekommt, wenn es etwas denkt, was **nicht** sein soll. Es ist unmöglich für das Gehirn, **nicht** an „einen Schneemann in der Wüste“ zu denken. Wie Sie vielleicht im Moment selber feststellen, können Sie trotz aller Anstrengung „den Schneemann in der Wüste“ kaum aus Ihrem Gehirn verbannen, er drängt sich Ihnen förmlich auf. – So ergeht es auch Eltern, wenn sie nur wissen, dass sie die Erziehung ihrer Eltern **nicht** wiederholen wollen, aber noch nicht wissen, wie sie die neue Erziehung gestalten werden: Sie werden, wenn sie hilflos sind und mit dem Rücken an der Wand stehen, auf das zurückgreifen, was sie gut kennen. Sie greifen zurück auf die eigene Erziehung, die sie in der Regel fast zwei Jahrzehnte in der eigenen Herkunftsfamilie studiert haben.

Mir ist es ein Anliegen, den Willen jedes Menschen zu respektieren. So wie ich jedem erwachsenen Menschen seinen eigenen Willen zugestehe, möchte ich dies auch bei meinen Kindern tun. Mir geht es darum, Kinder ins Leben zu begleiten, statt sie zu lehren, für andere zu funktionieren. Und wie dies im Alltag umzusetzen ist, möchte ich in diesem Buch zeigen.

Ich möchte auch nicht mehr von „Erziehung“ sprechen. Der Begriff „Erziehung“ zeigt in seiner Bedeutung schon an, dass es darum geht, die Kinder irgendwo hinzuziehen, meist dahin, wo die Eltern sie haben wollen. Die Begriffe **„Beziehung“** oder Kinder zum Leben **„begleiten“** beschreiben, wie Eltern Verantwortung wahrnehmen und dabei gleichzeitig den Willen ihrer Kinder respektieren können.

Mein Wille ist dem Willen anderer Menschen gleichwertig. Dieser Gedanke findet sich in Albert Schweitzers Leitgedanken: *„Ich bin Leben, inmitten von Leben, das auch leben will.“* Die hierauf beruhende „Ehrfurcht vor dem Leben“ war ein zentraler Aspekt in seiner Philosophie und seinem Leben. Was ihm ein Anliegen war, ist heute auch zu meinem geworden: Ich will sowohl meinen wie auch des anderen Wunsch, leben zu können, achten, und zwar hinsichtlich der jetzigen wie auch der zukünftigen Generation.

Dass es dabei zu Konflikten kommen kann, ist leicht nachvollziehbar, gerade auch zwischen Eltern und Kindern. Es geht mir darum aufzuzeigen, wie wir in diesen Konflikten achtungs- und respektvoll miteinander umgehen können. Sowohl der Wille der Eltern wie auch der Wille der Kinder sollen respektiert werden. Der Wille eines Menschen ist die Kraft, sich seine und anderer Menschen Bedürfnisse zu erfüllen.

Ich greife in diesem Buch immer wieder auf Gedanken der Gewaltfreien Kommunikation zurück, stelle sie aber nicht umfassend dar. Deshalb verweise ich auf das gleichnamige Werk von Marshall Rosenberg.

Der Wille der Eltern und der Wille des Kindes

Eine Mutter rief ihre Freundin an und weinte bitterlich: *„Ich weiß überhaupt nicht, was ich machen soll, ich komme nicht aus meinem Haus heraus. Tom will sich nicht anziehen. Dabei habe ich noch viele Termine zu erledigen und solange er sich nicht anziehen lässt, kann ich nicht losgehen. Was habe ich mir da für ein Monster geschaffen. Auf keinen Fall will ich noch weitere Kinder haben!"*

Tom ist drei Jahre alt. Drei Wochen zuvor wollte die Familie in den Urlaub fahren, kam aber nach drei Tagen wieder zurück, weil Tom es wollte.

In dieser Familie ist die Balance zwischen dem Lebensraum der Eltern und des Kindes völlig in Schieflage geraten. Hier hat nur noch das Kind seinen Lebensraum. Dem Kind wird uneingeschränkte Freiheit gewährt, was der **antiautoritären** Erziehung entspricht. Das Kind will und Eltern gehorchen dem kindlichen Willen.

Eine andere Frau sagte mir einmal: *„Ich kann einfach nicht sagen ‚Ich will'. Ich habe in meiner Kindheit gelernt, wenn ich etwas will, dann nehme ich es jemandem weg. Das prägt mich bis heute. Ich kümmere mich immer nur um andere Menschen und stehe selbst stets an letzter Stelle. Ich habe als Kind von meinen Eltern und Lehrern gehört: ‚Nimm dich nicht so wichtig und höre auf, deinen Willen ständig durchzusetzen!'"*

In der Kindheitsfamilie dieser Frau war die Balance zwischen dem Lebensraum von Eltern und Kind auch in einer Schieflage. Hier durfte das Kind seinen Lebensraum nicht ausfüllen. Die Frau lebte als Kind in einer Umgebung, in der ein autoritärer Erziehungsstil angewendet wurde: Die Eltern wollen und das Kind gehorcht dem elterlichen Willen.

Jeder Mensch braucht einen eigenen Willen

Alle Lebewesen haben Bedürfnisse, die sie sich erfüllen möchten. Gefühle helfen dabei festzustellen, ob Bedürfnisse gerade gestillt oder ungestillt sind. Negative Gefühle wie Ärger und Verzweiflung deuten darauf hin, dass Bedürfnisse gestillt werden möchten, positive Gefühle wie Freude und Dankbarkeit lassen fühlen, dass Bedürfnisse gestillt sind. Alle lebenden Wesen streben Zustände an, in denen ihre Bedürfnisse erfüllt werden, weil sie das Leben genießen wollen.

Ein ungestilltes Bedürfnis wahrzunehmen, ist ein Anfang. Das Wissen um einen Mangelzustand kann diesen aber noch nicht beheben. Dafür braucht es eine Tat, und um die Tat in Gang zu setzen, braucht es den Willen. Das Durchhaltevermögen, das Ziel zu erreichen, ist die Willenskraft, die auch Widrigkeiten auf dem Weg überwinden kann.

Ein Schüler beschließt, nach dem Realschulabschluss noch das Abitur zu erlangen. Mit dem Abitur kann er sein Bedürfnis nach Bildung befriedigen, da er diesen Abschluss als Eintrittskarte für die Universität benötigt. Sich das Abitur zu wünschen, reicht nicht. Es bedarf zusätzlich der Willenskraft des Schülers, sich hinzusetzen und zu lernen und an manchen Tagen seine anderen Bedürfnisse nach Spielen und Geselligkeit zurückzustellen.

Die Willenskraft ist die Verbindung zwischen dem ungestillten Bedürfnis und der dazugehörigen Tat, die zum Ziel führt.

Zunächst wird das kleine Kind seinen Willen für kurzfristige Ziele einsetzen, die das eigene körperliche Wohlbefinden befriedigen. Kinder sagen: „Durst haben will" oder „Puppe haben will" und sie bewegen sich (Willenskraft), während sie noch reden, in die Richtung, wo sie das Gewünschte vermuten.

Erst mit zunehmendem Alter lernt ein Kind, die Spanne bis zum Erreichen des Ziels mehr und mehr auszudehnen. Ein einjähriges Kind braucht sofort das Wasser, wenn es Durst hat, während ein vierjähriges Kind schon warten kann, bis dem kleineren Geschwister eingeschenkt wurde.

Die Erwartungsspannung eines erwachsenen Menschen kann die Fähigkeit entwickeln, seine Willenskraft für Bedürfnisse einzusetzen, die weit über das eigene Verlangen hinausgehen und erst der zukünftigen Generation dienen. So konnte die Nobelpreisträgerin Wangari Maathai aus Kenia Bäume pflanzen, die das regionale Klima in Zukunft positiv beeinflussen werden.

Der Mensch braucht seinen Willen, um selbst gesteckte Ziele zu erreichen. Der Weg dorthin wird durch die Willenskraft überwunden, besonders wenn Hindernisse vorhanden sind.

Da Kinder im Gegensatz zu vielen Tieren in ihrer Fähigkeit zum Überleben unreif auf die Welt kommen, brauchen sie zunächst den Willen ihrer Eltern oder anderer Bezugspersonen, die ihre Bedürfnisse stillen. Wenn ein Kind sich aus seiner eigenen Willenskraft versorgen kann, ist es erwachsen geworden.

Der Unterschied von Wille und Wunsch

Wenn Eltern von ihrem willensstarken Kind sprechen, denken sie an ihr kleines Kind, das laut und ausdauernd schreit: **„ICH WILL ..."**

Diese Worte haben nichts mit „dem eigenen Willen" zu tun. Es ist ein Schrei, der den Wunsch ausdrückt, ein Bedürfnis nach den eigenen Vorstellungen zu stillen.

Willenskraft ist die Kraft, sich den Wunsch zu erfüllen.
Wille ist die Entscheidung, welcher Wunsch gewählt wird.
Wünsche sind unterschiedliche Wege, Bedürfnisse zu erfüllen.
Bedürfnisse wollen gestillt werden, um überleben zu können.

Bisher lebte das Kind wie im Paradies. Es wusste, dass die warme süße Milch in den Mund läuft, wenn es vor Hunger weint, vorausgesetzt es hat eine Mutter, die das hungrige Weinen des Kindes richtig deutet. Es erlebte: „Ich bekomme sofort, was ich brauche."

Die Mutter hatte mit ihrer Willenskraft auf ihren Schlaf verzichtet und mitten in der Nacht sich dem Baby zugewendet und es gestillt. Der Wunsch des Kindes nach Milch wurde durch den Willen der Mutter erfüllt, die aufstand. Zum Überleben ist das Kind auf den Willen der Erwachsenen angewiesen, denn es kann seine Bedürfnisse noch nicht selber stillen.

Um diesen wohligen Zustand der sofortigen Befriedigung seiner Bedürfnisse zu erhalten, schreit ein Kind auch, wenn es älter wird, damit die Eltern etwas tun, das seine Wünsche erfüllt.

Eltern sagen dann: „Jetzt ist unser Kind im Trotzalter." Dabei kommen sie manchmal an ihre emotionalen Grenzen, weil sie nicht wissen, wie sie reagieren sollen. Wollen sie den Wunsch des Kindes erfüllen oder dem Kind zumuten, darauf zu verzichten?

Der Erwachsene erkennt die Realität des Lebens an und hat sozusagen das Paradies schon verlassen. Er weiß, dass es vor der Ernte im Herbst gilt, den Acker umzugraben. Es gilt, Widrigkeiten des Lebens zu überwinden. Der Erwachsene kann abschätzen, ob er sich seinen Wunsch erfüllen kann, weil er weiß, wie viel ihn der Wunsch kostet. Er weiß, ob er den Preis bezahlen kann und wie es ihm gehen würde, wenn er sich den Wunsch erfüllt. Vielleicht kann er sich beispielsweise keinen weiteren Schrank kaufen, weil seine Wohnung zu klein ist. Aus dieser Erkenntnis heraus kann ein Erwachsener auch auf einen Wunsch verzichten.

Die Fähigkeit, aus Vernunft Nein sagen zu können, unterscheidet den kindlichen, herausgeschrieenen Wunsch „Ich will!" vom erwachsenen Willen. Der erwachsene Wille hat Einsicht in die Lebenszusammenhänge und kann sich nach Abwägen der Umstände verantwortlich für ein Ja oder ein Nein entscheiden.

Dies alles weiß ein kleines Kind noch nicht, wenn es anfängt, diese Welt kennenzulernen. Das kleine Kind schreit nur: „Jetzt will ich, ich brauche es jetzt, und zwar sofort!"

Es ist die Aufgabe der Eltern, das Kind in diese Welt zu begleiten und ihm möglichst viele Fähigkeiten zu vermitteln, die helfen, sich in einer komplexen Welt zurechtzufinden. Dazu gehört, selbst mit dem eigenen Willen entsprechend seiner Bedürfnisse aktiv zu werden. Eltern vermitteln auch, dass es zu bestimmten Zeitpunkten sinnvoll sein kann, auf einen Wunsch zu verzichten.

Hier kommen Eltern in einen Konflikt, denn neben dem Anliegen, manchmal einen Verzicht zu vermitteln, ist es Eltern ein Herzensanliegen, ihre kleinen Kinder glücklich zu sehen. Wenn Eltern zum Wunsch ihres Kindes Nein sagen, wird das Kind selten darauf antworten: *„Danke, Mami, du sorgst so gut für mich und ich freue mich, weil du gerade eben wieder die beste Entscheidung für mein Leben getroffen hast!"*

Es wird im Gegenteil laut schreien, sich auf den Boden werfen und die Eltern beschimpfen. Diesen emotionalen Gefühlsausbruch des Kindes empathisch zu begleiten, bedeutet für Eltern eine große emotionale Kraftanstrengung. Trotzdem gilt: **Wille und Wünsche sind erlaubt und völlig in Ordnung, auch wenn sie nicht erfüllt werden können.**

Ich spielte häufig mit meinen kleinen Kindern das „Ich-wünsche-mir-Spiel":

Siebenjährige: *„Ich will dieses Traumschloss haben!"*
Mutter: *„Das wäre so schön, ein Traumschloss zu haben und vielleicht auch noch mehr ..."*
Siebenjährige: *„Ja, ich wünsche mir noch einen Zoo und die Eisenbahn und den Zirkus ..."*
Mutter: *„... und die Prinzessin gehört auch dazu, am besten kaufen wir noch einen echten Kran, mit dem buddeln wir ein Loch vor deinem Zimmer, um dein Zimmer für das Spielzeug zu vergrößern. Vielleicht können wir bei dieser Gelegenheit gleich noch einen Swimmingpool einplanen."*
Siebenjährige: *„Am besten um das ganze Haus herum mit einem Delphin drinnen."*
Mutter: *„Genau! Eine Brücke führt dann zu unserem Eingang."*
Siebenjährige: *„Vorne am Gartentor gibt es eine Kasse und alle Leute, die den Delphin sehen wollen, sollen Eintritt zahlen ..."*
Mutter: *„Ach wäre das schön, wenn wir uns alle unsere Wünsche erfüllen könnten."*
Siebenjährige: *„Vielleicht kaufen wir das Traumschloss nächstes Jahr."*

Der Wille gestaltet – ohne den Willen bleiben Wünsche unerfüllt

In unserer Küche werkeln sieben Menschen. Es kann vorkommen, dass manche Küchengegenstände mal in diesem, mal in jenem Schrank verschwinden. Nachdem mein 17-jähriger Sohn wieder die Käseraspel vergeblich suchte, sagte er sinnend: *„Es wäre gut, wenn die Schränke beschriftet wären, dann könnte jeder schauen, wo er das entnommene Teil hinstellt, und man erspart sich das Suchen."*

Mir gefiel sein Vorschlag. Auf meine Frage, wer die Schränke nun beschriften würde, konnten wir uns schnell einigen, dass dieser „Jemand" zum Beschriften leider fehle.

Seitdem ist auch meinem Sohn klar, dass gute Ideen im Geist stecken bleiben, wenn niemand den Willen aufbringt, der Idee eine Tat folgen zu lassen.

Der Wille ermöglicht, die Welt nach den eigenen Wünschen aktiv zu gestalten. Andernfalls bestimmt die Welt über denjenigen, der nicht selber gestaltet. Dies bedeutet im obigen Beispiel, dass wir uns weiterhin täglich der nötigen Suche unterwerfen, immer noch hoffend, der „Jemand“ wird mal die Willenskraft aufbringen und ein Beschriftungssystem in unserer Küche anbringen.

Willenskonflikte

Die Konflikte in der Vielfalt von Begegnungen zwischen Eltern und Kindern lassen sich auf zwei Situationen reduzieren:
1. Das Kind will und:
2. Das Kind will nicht.

Eltern fragen sich einerseits, ob sie dem Willen des Kindes Raum geben können, und andererseits, wie sie das Kind bewegen können, das zu wollen, was Eltern für das Kind als gut erkennen.

In **beiden** Teilen dieses Buches möchte ich erläutern, dass der kindliche Wille ausnahmslos seine Berechtigung hat und Anerkennung braucht.

Im **Teil I** geben die Eltern mit dieser Haltung dem kindlichen Willen dort Raum, wo das Kind die Folgen seiner Taten schon übersehen kann. Wenn die kindlichen Aktionen das Kind selbst, andere Personen oder Sachen in Gefahr bringen, begrenzen die Eltern das Handeln und damit auch den Spielraum des Kindes.

Im **Teil II** erkennen und respektieren die Eltern, dass es mit einer gewaltfreien Haltung unmöglich ist, das Kind gegen seinen Willen zu einer eigenen Handlung zu überreden oder zu nötigen. Mit dem Nein sagt das Kind Ja zur Erfüllung seines eigenen Bedürfnisses. Es geht darum, ein Nein zu respektieren, gerade auch wenn es von einem Kind kommt. Vielleicht kann das Kind sich dann auch für eine eigene freiwillige Handlung gewinnen lassen, wenn es sich einfühlend verstanden weiß. Manipulation oder Tricks haben so keinen Raum mehr, weil sie eine gleichwertige Beziehung untergraben.

Viele Generationen von Eltern saßen dem Trugschluss auf, sie könnten den kindlichen Willen formen. Leider wurde dabei aber der Wille geschwächt und sogar gebrochen und das Kind ans Gehorchen gewöhnt.

Eltern waren dabei motiviert durch ihre Angst, ihr Kind würde ohne Rücksicht auf andere Menschen machen, was es will, wenn sie den kindlichen Willen nicht formen. Diese Angst hatten sie von den vor ihnen lebenden Generationen übernommen, die nie das Vertrauen entwickeln konnten, dass unsere menschliche Natur eine mitfühlende und zur gegenseitigen Hilfe bereit ist. Dieses Wissen wurde schon 1880 von einem Biologen namens Keßler veröffentlicht (Kropotkin 1989, S. 14) und wird heute in der neurobiologischen Forschung mehr und mehr bestätigt (Bauer 2005, S. 170).

Um als Erwachsener im Leben zu stehen, ist die Entwicklung eines starken Willens unverzichtbar. Überall in der heutigen Welt brauchen wir einen starken Willen, um unter den vielfältigen Angeboten, die sich uns aufdrängen, den eigenen Weg gehen zu können.

Wie soll ein Erwachsener seinen eigenen Willen kennen, wenn er als Kind lernte, sich einem anderen Willen anzupassen und unterzuordnen?

Wenn Eltern den Willen ihrer Kinder nicht mehr brechen oder formen, sondern stärken, indem sie ihn anerkennen, dann leben und lehren sie ihren Kindern Gewaltverzicht. – Eltern haben die Möglichkeit, das Kind zu beeinflussen, indem sie so leben, dass es auf Kinder anziehend wirkt. Vielleicht übernehmen Kinder dann auch Einstellungen ihrer Eltern. Dies kann aber nur freiwillig geschehen.

Jeder Mensch legt Wert auf seinen eigenen freien individuellen Willen, das gilt auch für unsere Kinder.

Teil I:

Das Kind will – die Eltern sagen Nein

Das Kind darf wollen

Eltern freuen sich mit dem Kind, wenn es etwas will und in die Tat umsetzt, soweit die Bedürfnisse der Eltern dadurch nicht beeinträchtigt werden.

Als mein erstes Kind geboren war, konnte ich stundenlang zuschauen, wie es seine Händchen bewegte. Ich beobachtete das Kind, wie es entdeckte, dass es selbst Einfluss darauf hat, die Hände bewegen zu können. Was für eine Freude! Ich beobachtete meinen Sohn dabei, wie er seinen eigenen Willen entdeckte. Ich nahm ein Staunen in seinem Gesicht wahr, als er merkte, dass er seine Hände mit seiner Willenskraft bewegt.

Er entdeckte, es hat mit ihm selber zu tun, in welche Richtung die Hand sich bewegt. Wenn dieser Impuls, sich zu bewegen, aus dem eigenen Selbst kommt, dann handelt es sich um den eigenen Willen.

So gibt es im Zusammenleben mit Kindern viele Situationen, die unproblematisch sind. Das Kind lebt seinen Willen. Das Kind entdeckt sich selbst und seine Welt: Dabei erkundet es seine Umgebung, manchmal ganz allein und manchmal erbittet es Unterstützung der Eltern, um das Gewünschte zu bekommen. Eltern erfüllen gern und freiwillig den Willen des Kindes, wenn Raum und Zeit es ihnen ermöglichen. Hier ist es für die Eltern in Ordnung, den eigenen Willen des Kindes zu erleben. Sie freuen sich an der wachsenden Selbstständigkeit des Kindes.

Solange das Kind sich und seine Umgebung erforscht und dabei sich und andere nicht in Gefahr bringt oder behindert, sind dies problemfreie Situationen zwischen Eltern und Kind. Es tut uns Eltern gut, solche Zeiten zu genießen.

In meinem Elterntraining bekommen Eltern die Aufgabe, bis zum nächsten Treffen sich abends bewusst Zeit zu nehmen, um sich der Situationen zu erinnern, in denen das Kind für sie annehmbares oder unannehmbares Verhalten zeigte.

Viele Eltern berichten nach einer Woche, wie sie erstaunt festgestellt haben, dass sie viel häufiger als erwartetet das Kind in Situationen erlebten, die für sie sehr akzeptabel und annehmbar waren. Sie erkennen, dass sie bisher darauf trainiert waren, auf Verhalten zu achten, das ihnen nicht gefällt. Vor lauter Ärger, weil die Eltern dieses Verhalten ihrer Kinder erfolglos ändern wollten, konnten sie gar nicht wahrnehmen, wie viele Situationen des täglichen Lebens harmonisch und mit gegenseitiger Freude verliefen. Die Änderung ihrer Wahrnehmung bewirkte, dass die Eltern mit mehr Gelassenheit den problematischen Zonen begegnen konnten.

Stopp in Gefahrensituationen

Bei heranwachsenden Kindern ist es ganz natürlich, dass sie sich manchmal in Gefahrensituationen begeben, die sie nicht übersehen können. Eltern erkennen aufgrund ihrer Lebenserfahrung solche Gefahren. Sie tragen die Verantwortung für den Schutz ihres Kindes und bewahren es vor Grenzüberschreitungen, die sein Leben oder das der Gemeinschaft bedrohen könnten. Sie tun dies, indem sie das Kind in der Ausführung seiner Handlungen und Bewegungen begrenzen. Sie wenden hier eine schützende Kraft an.

1. Wann setzen Eltern Grenzen?

1.1 Schutz für den Körper

Es ist für Kinder wichtig, ihren Lebensraum zu erforschen, um diese Welt, in der sie angekommen sind, kennenzulernen. Sie erleben und entdecken sich selbst als körperliches, seelisches und soziales Wesen.

1.1.1 Körperliche Grenzen

Nachdem ein Mensch geboren wird, lernt er zunächst seine körperlichen Grenzen kennen.

Der kleine Mensch spürt ein unangenehmes Gefühl im Magen und durch sein Weinen bewirkt er, dass Milch in den Mund läuft. Manchmal aber, wenn er versucht, dieses sättigende Gefühl zu bekommen, wird es kalt am Po und die Windel wird gewechselt. Das Menschenkind findet heraus, wie es sich ausdrücken muss, damit etwas passiert, das ihm wohltut. Eltern können am Klang des Weinens merken, ob ihr Baby Hunger hat, die Windel voll ist oder es Zärtlichkeit braucht. Mehr und mehr erkundet dieser kleine Mensch seine Welt, manchmal funktioniert sie, wie er will, und manchmal nicht.

Als körperliches Wesen entdecken Kinder, dass dieser Körper Grenzen hat, die es zu respektieren gilt. Das Kind lernt: **Der Schaden ist die Konsequenz, wenn eine Grenze nicht respektiert wird.**

Die Herdplatte ist heiß. Wenn das Kleinkind sie anfasst, obwohl die Mutter mit etwas lauterer und höherer Stimme „Vorsicht" sagt, dann erfährt das Kind, dass es eine körperliche Grenze überschritten hat. Es tritt eine **Konsequenz** ein, in Form von **Schmerzen**. Es tut weh, eine Herdplatte anzufassen, und damit ist für das Kind ein **Schaden** entstanden. In vielen Bereichen lernt das Kind, solche körperlichen Grenzen wahrzunehmen.

Körperliche Grenzen melden sich durch Schmerz, wie Hunger oder Luftnot, weil ein Bedürfnis nach Aufrechterhaltung der körperlichen Funktionen erfüllt werden will. Wenn es draußen glatt ist, muss das Kind vorsichtig laufen und das Gewicht ausbalancieren, sonst fällt es hin. Das Kind wird lernen, dass es eine körperliche Gesetzmäßigkeit ist, dass der Körper im Wasser untergeht. Es schmerzt gewaltig, unter Wasser keine Luft mehr zu bekommen. Diese Erfahrung wird das Kind motivieren, Schwimmen zu lernen.

Kinder sind beim Kennenlernen von körperlichen Grenzen unterschiedlich schnell. Das eine Kind akzeptiert sofort, dass eine heiße Herdplatte schmerzt, das nächste Kind probiert vielleicht zehnmal aus, ob die Herdplatte heiß ist. Denn es erinnert sich, dass es kürzlich die Herdplatte angefasst hat und sie kühl war. Dies gilt es erneut zu untersuchen. Kinder akzeptieren Grenzen unterschiedlich schnell. Das entdeckungsfreudige Kind möchte häufiger experimentieren und hat Freude daran auszuprobieren, wo genau die Grenze verläuft. Dem anderen zaghaften Kind reicht es, einmal „Vorsicht" zu hören, und es fasst nie mehr die heiße Herdplatte an.

Kinder können nicht alle Grenzen selbst durch Erfahrung kennenlernen. Manche körperliche Grenze zu überschreiten, wäre lebensgefährlich. Eltern haben einen größeren Überblick und wissen zum Beispiel, dass es gefährlich ist, über eine Straße zu rennen. Wenn das Kind losrennt, halten die Eltern es fest. Sie handeln im Interesse des Kindes und wenden Macht an, die auch als **schützende Kraft** bezeichnet werden kann.

Subjektiv kann diese Kraft vom Kind als Gewalt erlebt werden. Schützende Kraft ist jedoch keine Gewalt im Sinne einer strafenden Macht. Eltern grenzen das Kind ein. Sie grenzen es in seiner Freiheit zu laufen ein, um es vor Schaden zu schützen. Im Gegensatz dazu würde strafende Macht bedeuten, dass die Eltern dem Kind einen zusätzlichen Schaden, z.B. in Form von Hausarrest, zufügen würden.

Die Reaktion der Eltern **in Gefahrensituationen** erfolgt in der Reihenfolge: **Erst handeln, dann reden!**

1.1.2 Schützende Kraft in Verbindung mit Einfühlung: „Ich will allein über die Straße!"

Im obigen Beispiel, als das Kind über die befahrene Straße rennen will, halten die Eltern das Kind fest und sagen: *„Stopp, ich halte dich fest. Du willst über die Straße rennen, weil du mit deinem Freund spielen willst, der auf der anderen Straßenseite wartet. Ich sage Nein, weil mir deine Sicherheit wichtig ist."*

In dieser Situation entscheiden die Eltern aufgrund ihrer Lebenserfahrung, dass das Kind mit drei Jahren noch zu klein ist, um selbst die Straße zu überqueren, auch wenn es sich dieses selbst schon zutraut. Das Kind darf nicht wählen zwischen Gehen oder Stehenbleiben. Die Eltern entscheiden für das Kind und handeln zu seinem Schutz.

Beim Anwenden der schützenden Kraft kann durch die begrenzende Handlung der Eltern ein seelischer Schmerz beim Kind entstehen, für das es Einfühlung braucht.

Vater: *„Bist du jetzt erschrocken, weil du gerade losrennen wolltest?“*

Wenn das Kind jetzt weint und schreit, weil es sich schon groß genug glaubt, um allein die Straße überqueren zu können, braucht es die Einfühlung der Eltern. Diese begleiten den kindlichen Schmerz und erkennen gleichzeitig an, dass das Kind anders will, als es momentan darf.

Kind: *„Lass mich los, ich kann alleine!“*
Vater: *„Bist du ganz sicher, dass du schon so groß bist, dass du selbstständig die Straße überqueren kannst, und möchtest du, dass ich dir vertraue?“*
Kind: *„Ja, ganz groß bin ich, ich kann den Autos sagen, dass sie anhalten.“*
Vater: *„Bist du ungeduldig, weil du willst, dass ich dir vertraue, dass du das schon kannst? Bist du sicher, weil du schon weißt, dass Autos gefährlich sind?“*
Kind: *„Ja, also, ich geh alleine, lass mich los!“*
Vater: *„Bist du ganz ärgerlich, weil du allein gehen willst? Ich sage Nein, nur mit meiner Hilfe, weil mir deine Sicherheit wichtig ist! Du darfst hinübergehen, aber nur an meiner Hand!“*
Kind: *„Na gut, dann bring mich jetzt hinüber.“*

1.2 Schutz für die Seele

Die Seele ist der unsichtbare Teil im Menschen. Wie der Körper nur überleben kann, wenn er Luft, Essen und Trinken bekommt, braucht auch die Seele Nahrung, um leben zu können.

1.2.1 Seelische Bedürfnisse

Der Staufer-Kaiser Friedrich II. (1194 – 1250) ließ mit Heimkindern ein Experiment durchführen, um zu erforschen, welche Sprache diese Kinder entwickeln werden, wenn mit ihnen nicht geredet wird. Alle Babys starben, obwohl sie optimale körperliche Pflege erhielten, weil es den Pflegern verboten war, mit den Kindern seelischen Kontakt aufzunehmen.

Sie bekamen keine Anleitung zum Sprechen und gleichzeitig keine Nahrung für ihre Seele, die ohne Kontakt blieb – somit starb auch das Kind.

Marshall Rosenberg nennt neun seelische Bedürfnisse:

1. **Selbsterhaltung für die eigene Existenz,**
2. **Sicherheit,**
3. **Liebe,**
4. **Empathie (Verständnis), um die Begegnung im „Du“ zu erleben,**
5. **Ruhe, Erholung und Spielen, um zu entspannen,**
6. **Zugehörigkeit zu einer Gemeinschaft, Geborgenheit,**
7. **Kreativität und Lernen, um sich weiterzuentwickeln,**
8. **Autonomie, die eigene Identität erleben,**
9. **Sinnhaftigkeit, Spiritualität, Einfluss, Beteiligung in Gemeinschaft und eine Stimme haben.**

Es sind natürliche Bedürfnisse, die jedes Baby in seiner Seele fühlt und äußert. Kinder können Bedürfnisse schon im Mutterleib fühlen. Das war nicht immer so klar: Manche Ärzte haben noch in den 70er Jahren des letzten Jahrhunderts Kindern bis zum zweiten Lebensjahr die Mandeln ohne Betäubung entfernt, weil sie glaubten, Kinder würden nichts fühlen.

1.2.1.1 Unterschiedliche Verhaltensweisen, um seelische Bedürfnisse zu stillen

So wie es verschiedene Nahrungsmittel gibt, um Hunger zu stillen, gibt es unterschiedliche Verhaltensweisen (Strategien), mit denen seelische Bedürfnisse gestillt werden können. Allein für das Bedürfnis nach Liebe gibt es verschiedenste Wege, es zu stillen. – Die Teilnehmer an einem meiner Kurse teilten Möglichkeiten mit, wie sich das Bedürfnis nach Liebe für sie erfüllt:

- eine spontane Umarmung,
- im Gespräch Augenkontakt haben,
- zwei Schalen Erdbeeren bekommen,
- morgens Frühstück ans Bett gebracht bekommen,
- gute und schlechte Seiten zeigen können, ohne bewertet zu werden,
- eine Einladung zum Abendessen,
- ein Blumenstrauß,
- jeden Finger einzeln küssen,
- füreinander singen,
- miteinander tanzen,
- dass für mich mitgedacht wird, wenn ich krank bin,
- ein Telefonanruf ...

Was sagt Ihr Kind auf die Frage, wie es Liebe erfährt? Vielleicht nennt es folgende Verhaltensweisen:

- ein Lieblingsnachtisch,
- ein Lächeln,
- Respekt und Annahme durch die Mutter, wenn ich wütend bin,
- dass du mich in Ruhe lässt, wenn ich dich darum bitte,
- eine geschenkte Kinokarte,
- eine Umarmung,
- ein Zettel, wo ich dich finde, wenn ich nach Hause komme,
- ein neues T-Shirt.

Mich erstaunt immer wieder die Individualität einzelner Kinder und deren je eigene Strategien, sich Bedürfnisse zu erfüllen, insbesondere wenn sie als Geschwister in der gleichen Umgebung mit den gleichen Eltern aufwachsen.

Obwohl das eine Kind eine enge Umarmung braucht und das andere Kind in Ruhe gelassen werden möchte, wenn es darum bittet, erfüllt sich für beide auf diesem Weg ihr Bedürfnis nach Liebe.

Ein Kind könnte individuell seine Bedürfnisse nach Liebe mit folgenden Verhaltensweisen stillen:

Bedürfnis	**Verhaltensweise**
Liebe	sich eine CD schenken
Spiritualität	in der Natur singen
Autonomie	eine Entscheidung treffen und zum Freund gehen
Spielen	die Puppe anziehen
Kreativität	einen Pfannkuchen mit Marmelade und Käse füllen

In der Gewaltfreien Kommunikation wird gelehrt, dass sich Bedürfnisse unabhängig von bestimmten Personen erfüllen lassen. So kann ein Säugling von einer Amme gestillt und geliebt werden und dabei glücklich und gesund aufwachsen. Im Gegensatz zu einem erwachsenen Menschen kann ein Säugling durch seine Unreife nicht die Verantwortung übernehmen, selbst dafür zu sorgen, dass seine Bedürfnisse gestillt werden. Er braucht in den ersten Monaten eine Bezugsperson, mit der er eine Einheit bildet und auf die er zunächst hundertprozentig angewiesen ist. Meist ist dies die Mutter, die in der Zeit nicht nur Verantwortung für die Erfüllung ihrer eigenen Bedürfnisse hat, sondern auch für die ihres Kindes.

···> 1.2.1.2 Alle Gefühle sind „richtig“

Gefühle zeigen den gestillten oder ungestillten Zustand unserer Bedürfnisse an.

Es gibt auf der seelischen Ebene Grundgefühle wie Freude, Zufriedenheit und Gelassenheit, die wir als angenehm erleben und uns zeigen, dass unsere Bedürfnisse erfüllt sind. Grundgefühle wie Trauer, Angst und Ärger, mit denen wir uns unwohl fühlen, weisen auf unerfüllte Bedürfnisse hin. Alle anderen seelischen Gefühle sind Kombinationen von den eben genannten.

Ersticken und Hungern sind körperliche Gefühle, die anzeigen, wann Bedürfnisse des Körpers nach Luft und Nahrung ungestillt sind. Diese Gefühle erinnern uns an das regelmäßige Atmen und Essen, um den Körper zu erhalten.

Babys können sich ihre körperlichen und seelischen Bedürfnisse nicht selber stillen, sie können diese nur äußern. Sie brauchen zunächst die Eltern, die sich um ihre Bedürfnisse kümmern.

Unsere gesellschaftliche Erziehung hat uns über viele Generationen beigebracht, dass wohlige Gefühle akzeptiert und schmerzhafte Gefühle abgelehnt werden und somit letztere nicht gefühlt werden dürfen. Kinder wurden als lieb und gut bewertet, wenn ihre Gefühlsgrundstimmung positiv war. Die Großmutter sagte: *„Schau mal, was für ein liebes Kind, sie ist immer so fröhlich und hat so einen guten Schlaf.“*

Kinder wurden kritisiert, wenn sie negative Gefühlsäußerungen zeigten. Das konnte sich so anhören: *„Schau mal, wie der zürnt, der hat aber einen Dickkopf. Das können wir nicht tolerieren, das Kind ist wirklich unmöglich."*

Auch heute wird Kindern immer wieder beigebracht, dass sie mit positiven Gefühlen „richtig" und mit negativen Gefühlen „falsch" sind, wenn z.B. ein wütendes Kind durch Urteile wie „du bist dumm" oder „stelle dich nicht so an" bewertet wird. Es lernt nun selbst, seine negativen Gefühle zu verurteilen, vielleicht auch zu unterdrücken, um möglichst die lebensnotwendige Anerkennung zu erhalten. Wenn es negativ bewertende Bemerkungen über seine Gefühle hört, verinnerlicht es mehr oder weniger, dass ein Mensch mit negativen Gefühlen nicht ganz in Ordnung ist.

Deshalb ist für Eltern wichtig, sich darüber klar zu sein, dass die Person des Kindes in *allen* Situationen völlig in Ordnung ist. Es kann durch seine Taten nicht mehr oder weniger liebenswert werden. Wichtig ist die Unterscheidung zwischen der Person des Kindes und seinem Verhalten, welches für Eltern annehmbar und unannehmbar sein kann.

Im Elterntraining berichten Eltern verzweifelt von den Taten ihrer Kinder, die dazu führen, dass sie in bestimmten Situationen ihr Kind ablehnen. Erst wenn diese Eltern aufgefordert werden, sich vorzustellen, ihr Kind würde wegen eines Autounfalls im Krankenhaus liegen, geben sie ohne zu zögern zu, dass sie dieses Kind unendlich lieben und Tag und Nacht an seinem Bett sitzen würden. Diese Vorstellung hilft, sich in jeder Situation bewusst zu machen, dass wir unser Kind bedingungslos lieben. Wir haben ein Problem mit dem Verhalten unseres Kindes, weil dadurch manchmal ein Teil unserer Bedürfnisse unerfüllt bleibt, z.B. unser Wunsch nach Ruhe und Entspannung. Wir haben jedoch kein Problem mit unserem Kind selbst.

Das für Eltern unangenehme Verhalten ist das Beste, was das Kind gerade in diesem Augenblick wählen kann. Ein Kind erfüllt sich mit seinem Verhalten eines der oben genannten Bedürfnisse. Das tut es auch, wenn es den Bruder schlägt, den Fußball durch die Scheibe kickt und das Wort mit „A" zur Mutter schreit. Für die eigene Stabilisierung können Eltern in ihrem Schock zu sich sagen, ohne das kindliche Verhalten zu rechtfertigen: *„Mein Kind hat jetzt das optimale Verhalten gewählt, das ihm zur Verfügung stand."*

Das Bedürfnis, welches das Kind zu einem negativen Verhalten motivierte, können Sie mit folgenden Sprachmustern erforschen:

1. **Selbsterhaltung für die eigene Existenz:** *„Du isst ein Eis vor dem Mittagessen. Bist du hungrig und bittest mich, dass das Essen auf dem Tisch steht, wenn du aus der Schule kommst?"*
2. **Sicherheit:** *„Wenn du Nein sagst zu meiner Bitte, möchtest du dich darauf verlassen können, dass du als Mensch akzeptierst wirst?"*

3. **Liebe:** Das Kind erhält in Mathe die Note 5. *„Bist du verzweifelt, weil du so viel gelernt hast? Möchtest du von mir hören, wie wertvoll du für mich bist?"*

4. **Empathie, um die Begegnung im „Du" zu erleben:** Die Mutter will zum Arzttermin und ist ärgerlich, weil das Kind noch spielt. Darauf wird das Kind wütend. *„Bist du wütend, weil du Verständnis von mir möchtest?"*

   Der sechsjährige Bruder schlägt die dreijährige Schwester: *„Bist du enttäuscht, weil du dich darauf verlassen hast, dass sie dir ein Stück Schokolade abgibt? Sie hat es gerade vor deinen Augen gegessen. Willst du sie das spüren lassen, wie weh es dir getan hat? Schlagen war der einzigste Weg, der dir einfiel, um es ihr zu zeigen?"*

5. **Ruhe, Erholung und auch Spielen, um zu entspannen.** Das Kind zieht am Bein der Mutter, die gerade kocht: *„Bist du gelangweilt, weil du jetzt etwas spielen möchtest, und bittest mich sofort zu kommen?*

   Wegen der verglasten Veranda gibt es ein Fußballspiel-Verbot im Hof, eine Scheibe zerklirrt: *„Seid ihr jetzt erschrocken, weil ihr sicher wart, dass ihr so kicken könnt, dass die Scheiben ganz bleiben? Ihr wolltet gleich losspielen, der Weg in den Garten erschien euch zu lang? Wie schade, die schöne Scheibe, jetzt schauen wir, wie ihr sie wieder ersetzt bekommt."*

6. **Geborgenheit:** Das Kind schreit und wirft sich auf den Boden. *„Bist du traurig und möchtest jetzt bei der Mama sein? Wünschst du dir, dass ich zu Hause bleibe?"*

7. **Kreativität und Lernen, um sich weiterzuentwickeln:** Der Klebstoff tropft auf den Wollteppich. Die Mutter entfernt den Klebstoff, reinigt den Teppich und sagt: *„Bist du stolz, weil du was Neues gebastelt hast?"* (Das Kind wird im Anschluss das Bedürfnis der Mutter nach Sauberkeit leichter hören können, wenn es zuvor mit seiner positiven Absicht wahrgenommen wurde.)

8. **Autonomie, die eigene Identität erleben:** Das Kind übernachtet beim Freund und informiert nicht die Eltern. *„Hattest du Angst, ein Nein zu hören, falls du uns gefragt hättest? Hast du deshalb entschieden, uns nicht zu informieren? Möchtest du selbst entscheiden, wo du übernachtest?"*

9. **Sinnhaftigkeit, Spiritualität, Einfluss, Beteiligung in Gemeinschaft und eine Stimme haben:** Das Kind will nicht in die Schule gehen.*„Möchtest du etwas tun, was dir wirklich wichtig ist, und etwas, was dir Spass macht?"*

Die bedingungslose Liebe zwischen Eltern und Kind ist ein lebenslanges Band. Liebe ist ein lebensnotwendiges Bedürfnis und kein Gefühl. In unserem Sprachgebrauch wird es aber häufig im Sinn eines Gefühls benutzt. Es ist die Verbindung zwischen Eltern und Kind, welche unabhängig von Gefühlen besteht. Wenn das Bedürfnis nach Liebe gestillt ist, dann fühlen wir in unserem Körper sehr lebendige, glückliche Gefühle, die so lebhaft sind, dass manche Menschen davon sprechen, sie hätten „Schmetterlinge in ihrem Bauch".

Gefühle kommen und gehen, innerhalb von Sekunden können sie wechseln. Doch das bedingungslose Band der Liebe zwischen Eltern und Kind besteht auch, wenn die Eltern aufgrund des Verhaltens ihrer Kinder wütend und verzweifelt sind. Diese Erkenntnis hilft Eltern, zu ihren wütenden Gefühlen zu stehen, während sie gleichzeitig ihre Kinder lieben.

Bevor ihnen dies bewusst wird, meinen Eltern oft, sie dürften keine wütenden Gefühle gegenüber ihrem Kind haben, weil sie glauben, dies sei nicht mit der elterlichen Liebe gegenüber ihrem Kind vereinbar. Mit der Vorstellung von einer bedingungslosen Liebe, die unabhängig von Gefühlen existiert, können Eltern bei sich und ihren Kindern sowohl wohlige als auch ungute Gefühle zulassen.

1.2.1.3 Heftige Gefühle des Kindes

Kinder brauchen Unterstützung, damit sie intensive Gefühle in einer sozialverträglichen Form ausdrücken können, statt zu lernen, diese nicht mehr zu spüren oder sich aufgrund dieser zu verurteilen.

Gefühle sind eine Art Messinstrument der Seele. Wenn die Gefühle als Hilfe verstanden werden, sind sie für uns wertvoll, weil wir von unserer Seele eine Rückmeldung darüber bekommen, was wir zum Leben brauchen. So wie Kinder bei Hunger wissen, dass sie etwas zu essen brauchen, so können sie auch bei Trauer und Angst lernen, was ihnen diese Gefühle zeigen. Ein Mensch kann mit Hilfe von Gefühlen wahrnehmen, ob er etwas für die Erfüllung seiner Bedürfnisse tun kann.

Das gilt auch für Kinder: Bei Trauer könnten sie einen Menschen suchen, der sie tröstet, und bei Angst zu den Eltern gehen und mit ihnen darüber sprechen. – Wenn Kinder Trost suchen, brauchen sie Eltern, die heftige negative Gefühle mit Einfühlung begleiten, statt Eltern, die den Kindern vermitteln, dass sie diese Gefühle nicht haben dürften, indem sie mit „Reparaturvorschlägen" darüber hinweggehen.

„Ich will den Lutscher!" – Einfühlung bei einem wütenden Kind:

Tore, drei Jahre, legt sich im Supermarkt auf den Boden, trommelt mit Händen und Füßen und schreit. Der Vater fragt:

„Bist du wütend und möchtest du gern selbst entscheiden, wann du einen Lutscher bekommst? Wärst du glücklich, wenn du im Geschäft aussuchen könntest, was dir gefällt?"

Das Kind schreit und kann gar nichts hören.

Der Vater hebt das um sich schlagende Kind auf und trägt es aus dem Laden, um Kunden und Angestellten zu ermöglichen, sich weiter zu verständigen.

„Ist so viel Wut in dir, weil du willst, dass Papa dir den Lutscher kauft? Nein, vor dem Essen gibt es keinen Lutscher, weil mir wichtig ist, dass dein Magen jetzt ein Mittagessen bekommt, das ist gesund."

Hoffentlich hat der Vater die Zeit und auch die Kraft, den Willen des Kindes zu respektieren und gleichzeitig die Wut des Kindes anerkennend zu begleiten, obwohl er bei sich selbst emotionale Regungen spürt, die mit einem Gewitter zu vergleichen sind.

1.2.1.4 Heftige Gefühle der Eltern

Vor dem Laden hält er das tobende Kind im Arm oder lässt ein Distanz suchendes Kind auf dem Parkplatz stampfen, wobei er aufpasst, dass es sich nicht gefährdet. Innerlich braucht der Vater etwas, das in der Gewaltfreien Kommunikation *Selbsteinfühlung* genannt wird. Sie dient dem Ziel, die Situation für sich zu klären, und ermöglicht dann, dem Kind Einfühlung zu geben.

Bei der Selbsteinfühlung hilft die obige Erkenntnis, dass wütende Gefühle der Eltern selbstverständlicher Teil des Lebens sind. Während Kinder die Sozialverträglichkeit wütender Gefühle noch einüben, haben Eltern einen Vorsprung. Die Eltern werfen sich deshalb nicht mehr trommelnd auf den Boden, wenn sie in ihrem Portemonnaie weniger Geld vorfinden, als sie zum Kauf einer neuen Hose benötigen. Trotzdem sind Eltern in vielen Situationen wütend und stehen unter Anspannung. Dies gilt auch für den Vater im Supermarkt mit seinem um sich schlagenden Kind.

Die Selbsteinfühlung findet im inneren Dialog des Vaters statt, nach außen ist es eine Zeit der Sammlung und Konzentration, die auch gegeben wäre, wenn er langsam bis zehn zählt, um nicht gleich mit geballter Wut auf das Kind zu schlagen oder es zu beschimpfen.

Zunächst jedoch purzeln Urteile durch des Vaters Gedanken, nach außen hin schweigt er: *„Nein, nicht schon wieder, gerade eben hatte er so einen Trotzanfall, das halte ich nicht mehr aus. Dieses Kind ist so unmöglich, ich werfe es an die Wand, vielleicht kommt es dann zur Besinnung. Was sollen denn die Leute denken, die wissen schon wieder alles besser und wie die gucken, ich wünschte ich könnte mich in Luft auflösen. Wieso habe* *ich nur so ein schreckliches Kind! Mein Kind schreit in einer Lautstärke, so als hätte es ein Messer in der Brust."*

Diese Gedanken sind Urteile über das Kind und stehen mit den Gefühlen Ärger und Zorn in Verbindung.

Solange wir überzeugt sind, ein anderer Mensch solle sein Verhalten ändern, damit sich unser Bedürfnis erfüllt, und wir meinen, er müsse tun, was wir von ihm verlangen, ignorieren wir seinen Willen.

Wenn der andere Mensch unseren Willen nicht freiwillig erfüllen möchte und wir aber trotzdem darauf bestehen, können wir ihn nur mit Gewalt zur Änderung seines Verhaltens bewegen. Dann würde sein Handeln durch unseren Willen und nicht durch seinen Willen gelenkt. Er würde dann handeln, wie wir wollen.

Wenn Eltern sich im Recht fühlen, ihren Willen durchzusetzen, wenden sie „Strafe und Belohnung" an und versuchen, den Willen des Kindes zu brechen oder zu manipulieren. Die Willenskraft des Vaters wird dann auf die Veränderung des kindlichen Willens gelenkt, das Kind solle statt der Wut und dem Geschrei äußerliche Ruhe bewahren.

Im obigen Beispiel würde der Vater von dem Kind erwarten, es solle sich zusammenreißen und sein Geschrei abstellen.

Im Gegensatz zu den historischen Erziehungsmustern hat der Vater die Erkenntnis gewonnen, dass er die Gefühle seines Kindes nicht abstellen kann und diese zunächst Ausdruck finden möchten. Statt sein Bemühen darauf zu konzentrieren, was das Kind ändern müsste, konzentriert sich der Vater auf das, was er selbst bei sich ändern kann. Er weiß, dass er Einfluss auf seinen eigenen Willen hat, statt in der Situation zu hoffen, das wütende Kind könne seinen Willen ändern. Um zu schauen, was der Vater bei sich verändern kann, schaut er in sein Inneres und verbindet sich nun mit seinem eigenen unerfüllten Bedürfnis. Auch dieser Dialog findet noch leise statt: *„Ich brauche Ruhe und Entspannung und auch Abstand von meinem Kind, weil meine Gehörnerven völlig überreizt sind."*

Während er sich auf sein Bedürfnis konzentriert und bewusst macht, dass er sich dieses Bedürfnis momentan nicht erfüllen kann, weil sein Kind in seiner Wut besondere Akzeptanz und Kontakt zum Vater braucht, verwandelt sich die Wut in Trauer und Erschöpfung. Im Akzeptieren der zunächst nicht zu verändernden Situation nimmt der Vater zunehmend Gelassenheit wahr, die ihm ermöglicht, dem Kind annehmend zu begegnen. Der Vater stellt nun noch eine innere Bitte an sich, um sein Bedürfnis nach Ruhe zu erfüllen: *„Ich bitte mich um Geduld, auch wenn wir jetzt 10 oder 20 Minuten später nach Hause kommen. Auch bitte ich mich, mich daran zu erinnern, dass mein Kind völlig o.k. ist, auch wenn es hier so schreit und andere Menschen der Meinung sein könnten, ich misshandele gerade mein Kind."*

Der Vater bleibt während des ganzen Wutanfalls in der folgenden inneren Haltung: *„Die Ursache der Wut entsteht im Denken meines Kindes durch ein »Sollte«. Es denkt: ‚Ich, der Vater, sollte sofort den Lutscher kaufen', und es meint: ‚Ich, der Vater, bin gemein, wenn ich es nicht tue.' Wir haben beide Urteile im Kopf, solange wir wütend sind. Mein Kind hat das Urteil ‚Vater ist gemein' und ich denke in meiner Wut das Urteil: ‚Mein Kind ist unverschämt gierig.'"*

Die Wut meines Kindes darf sein und ich begleite sie. Mein Kind hat ein Bedürfnis, das es in dieser Situation nicht auf dem Weg stillen kann, wie es sich dies wünscht. – Es hat gerade Hunger und weiß, wie lecker ein Lutscher schmeckt. Mein Kind ist frustriert, weil es jetzt in diesem Moment einen Lutscher schlecken möchte. Ich sage Nein zum Lutscher, weil mir die Gesundheit meines Kindes wichtig ist.

Ich selber kenne Wut und bin froh, wenn ich jemand bei mir habe, der mich hindurchbegleitet, statt mich zu verurteilen oder mir zu erzählen, ich hätte gar keinen Grund, so wütend zu sein."

Eine Hilfe mit eigenen schreienden Kindern war für mich die Erfahrung, dass jedes Gefühl einen Anfang und ein Ende hat und das Kind irgendwann aufhören wird zu schreien. Das Kind braucht meine menschliche Akzeptanz gerade in diesen Situationen. Nach diesem inneren Prozess der Selbsteinfühlung, der sich in Elterngruppen einüben und vertiefen lässt, redet der Vater mit seinem Kind so, wie es oben beschrieben ist.

1.3 Schutz für die Gemeinschaft

1.3.1 Werte vermitteln

Jedes Kind hat, wenn es in diese Welt geboren wird, Verbindung zu anderen Menschen und lernt neben seinem Körper und seinem seelischen Empfinden auch die Gemeinschaft von Menschen mit ihren Werten und sozialen Regeln kennen. Werte sind das, was Menschen für das Zusammenleben als wichtig erachten. Werte sind Maßstäbe zur Orientierung des eigenen Handelns, sodass jeder Einzelne seine Bedürfnisse erfüllen kann in einer Welt, in der viele Menschen dies gleichzeitig tun wollen. So wie Bedürfnisse zum einzelnen Menschen gehören, gehören Werte zu einer Gruppe von Menschen. Konflikte entstehen, wenn keine Einigkeit in einer Gruppe vorhanden ist, mit welchen Verhaltensweisen Werte gelebt werden.

In Konflikten bemerken wir oft schmerzhaft, wie individuell Werte gesehen werden, wenn darüber gestritten wird, wer die „richtige" Sichtweise der Wirklichkeit hat. Ein Ausweg öffnet sich in einem „Wer-hat-recht-Streit", wenn die Beteiligten des Streites ihre Aufmerksamkeit auf ihre Bedürfnisse richten mit der folgenden Frage: *„Welches deiner Bedürfnisse erfüllt sich, wenn ich deine Art, Werte zu leben, und deine Sichtweise anerkennen könnte?"*

Der Bruder beschuldigt seine Schwester, sie habe seinen Füller benutzt. In dem lauten „Habe-ich-nicht!-Hast-du-doch"-Gerangel fragt der Vater seinen Sohn: *„Ist es dir wichtig, dass du deinen Füller allein benutzen kannst? Möchtest du selber bestimmen, ob du ihn ausleihst oder nicht?"*

Unsere Werte beinhalten, was uns persönlich wichtig und wertvoll ist. In diesem Beispiel wäre der Wert Eigentum in folgender Regel zu finden: Wir fragen den anderen, bevor wir etwas ausleihen!

Das darunter liegende Bedürfnis ist die Selbstbestimmung: Ich entscheide selber, wem ich mein Eigentum ausleihe.

Im Gegensatz zu den **natürlich angelegten Bedürfnissen**, die nicht nur ein Baby, sondern auch die meisten Tiere fühlen können, werden Werte vom heranwachsenden Kind erlernt. Babys können fühlen, wenn ihre Bedürfnisse gestillt sind, sie kennen aber keine Strategien von Respekt.

Sagt jemand: *„Ich habe ein Bedürfnis nach Respekt"*, hat er ein bestimmtes Verhalten vor Augen, wie sich für ihn Respekt erfüllt. Bedürfnisse sind unabhängig von bestimmten Verhaltensweisen. Aus diesem Grund wäre es inhaltlich stimmig zu sagen: *„Ich habe den Wunsch nach Respekt"*, denn er möchte sich mit Respekt sein Bedürfnis nach Liebe, Zugehörigkeit oder auch Geborgenheit erfüllen.

Diese Differenzierung ist mir weniger wichtig wegen der Worte, sondern wegen des Verständnisses. Jeder Mensch ist Experte für seine eigenen Bedürfnisse.

Sind zwei oder auch mehr Menschen in Kontakt miteinander, orientieren sie sich an ihren Werten – bei Respekt wählen sie z.B. Verhaltensweisen, von denen sie überzeugt sind, dass sich auf diese Weise jeder seine Bedürfnisse erfüllen kann. Es kann dabei zu Missverständnissen kommen: Der Europäer meint mit Respekt, dem anderen bei der Begrüßung in die Augen zu schauen, und der Asiat, am anderen vorbeizuschauen. Werte sind Absprachen zwischen Menschen, die gelebt werden können, wenn sie den beteiligten Menschen bekannt sind.

Werte sind kulturell erworben und entstehen im erkennenden Geist des Kindes durch die ihm vorgelebten Werte der Eltern, Lehrer, Nachbarn, Gleichaltrigen und auch der Medien. Diese zeigen ihm, wie das Zusammenleben von Menschen gestaltet wird. Soziale Prozesse studiert das Kind im Kontakt mit anderen Menschen.

Schon als Studentin faszinierten mich Vorlesungen des Verhaltensforschers Irenäus Eibl-Eibesfeldt. Er erforschte soziale Verhaltensweisen, die wir erwerben. In humorvollen Filmaufnahmen zeigte er uns, wie Menschen kulturübergreifend ihre Augenbrauen in die Höhe heben, wenn sie unerwartet einen Bekannten treffen. Das ist eine allen Menschen auf der Erde identische Art „Hallo“ zu sagen.

Andere soziale Reaktionsweisen beschränken sich auf Kulturkreise wie z.B. auf die Familie. So zeigte uns Prof. Eibl-Eibesfeldt Filmsequenzen, in denen ein 15-monatiges Kind ein anderes gleichaltriges Kind bewusst umschubste. Direkt im Anschluss, wenn das hingefallene Kind weint, schaute der „Schubser“ einen kurzen Augenblick zur Mutter, um an deren Mimik ihre Zustimmung oder Ablehnung über sein Verhalten zu erfragen. Dieser Moment wird „Anfrageverhalten“ genannt. Das Kind will lernen, wie die Mutter sein Verhalten bewertet. Wurde die Mutter angewiesen, gleichgültig zu schauen, setzte das Kind sein Verhalten fort. In seinen Augen hatte es verstanden, dass sie sein Verhalten tolerierte. So erlernt das Kind an den Reaktionen seiner Bezugspersonen, was sozial positiv oder negativ gewertet wird.

Die eigene persönliche Freiheit endet, wo die Freiheit des anderen anfängt. Soziale Grenzen werden sichtbar durch **Regeln** und diese Regeln sind Absprachen über Verhaltensweisen zwischen Menschen. Regeln orientieren sich an Werten und erleichtern das soziale Zusammenleben.

Wie wir oben gesehen haben, gibt es viele unterschiedliche Verhaltensweisen, um das Bedürfnis nach Liebe zu erfüllen. Wir können, ohne in Konflikt mit anderen Menschen zu kommen, nach Lust und Laune die eine oder andere Strategie auswählen, um uns unser Bedürfnis nach Liebe zu erfüllen. Problematisch wird es, wenn wir eine Verhaltensweise wählen, die in Konflikt steht zu den Bedürfnissen anderer Menschen.

Nehmen wir die neue CD, die das Kind sich schenkt. Es macht einen Unterschied aus, ob es diese von seinem Taschengeld kauft oder im Laden stiehlt. Die CD zu stehlen kann in Konflikt stehen mit dem Wert Ehrlichkeit. Angenommen, Eltern ist dieser Wert wichtig und sie erfahren von dem Diebstahl, dann besteht die Frage, ob das Kind den gleichen Wert teilt. Werte helfen uns zu unterscheiden, welche Verhaltensweisen wir wählen, um unsere Bedürfnisse zu erfüllen.

Davon weiß ein Kind bei seiner Geburt noch nichts. Ein neugeborener Mensch ist unbewusst asozial, in dem Sinn, dass er von einem Leben in sozialen Zusammenhängen noch nichts weiß. Er lebt mit der Illusion, die Welt drehe sich allein um ihn und sei einzig dafür da, um seine Bedürfnisse zu erfüllen. Je mehr er diese Illusion verliert und den anderen Menschen als Gegenüber wahrnimmt, umso sozialer kann er werden.

1.3.1.1 Das Recht auf Leben

Ausgehend von Albert Schweitzers „Ehrfurcht vor dem Leben" gibt es für jeden Menschen einen primären Wert, um das Leben überhaupt zu ermöglichen: **das Recht auf Leben**.

Das Recht auf Leben gilt nicht nur für mich allein, sondern für alle Menschen, auch für einen Berufssoldaten, der diesen Wert noch nicht anerkennt. Die Gültigkeit dieses absoluten Wertes begründet sich aus der Sicht des Opfers, das selbst überleben will. Jesus formuliert positiv: *„Alles, was ihr wollt, das euch die Leute tun, das tut ihnen auch."*

Diese Weisheit drückt sich negativ formuliert auch in dem Kinderspruch aus: *„Was du nicht willst, das man dir tue, das füg' auch keinem anderen zu."*

Die Beachtung dieses Wertes „Recht auf Leben" ist Bedingung dafür, dass überhaupt Leben existieren kann. Das zugrunde liegende Bedürfnis ist die Liebe für mein Leben oder die Existenzerhaltung meines Lebens. Und diese Bedürfnisse lassen sich meines Erachtens nur durch die genannte Strategie erfüllen, dass jedem Menschen ein Recht auf Leben zusteht.

Hierarchische Systeme haben in früheren Jahrhunderten diesen absoluten Wert nur für die eigene Gruppe von Menschen beansprucht. Heute gibt es für mich aus Vernunft Gründe, dass das Recht auf Leben für alle Menschen dieser Erde gilt, damit die Menschheit überleben kann. Seit dem 8. Jahrhundert vor Christus ist in der Spiritualität aller Hochkulturen – im Taoismus, Buddhismus, bei den Propheten des Alten Testaments, bei Zarathustra, Laotse, Konfuzius und Sokrates – die Botschaft vom Recht auf Leben für jeden einzelnen Menschen zu finden. Im Zeitraum von nur wenigen Jahrhunderten entstanden annähernd gleichzeitig in China, Indien und dem Mittelmeerraum, ohne dass sie gegenseitig voneinander wussten, „die Grundkategorien der Weltreligionen, aus denen die Menschen bis heute leben" (Jaspers 1957).

Wenn es ein Recht auf Leben gibt, dann gibt es auch ein Unrecht, wenn Leben nicht geschützt und erhalten wird. Recht ist, dass Beziehungen so gestaltet werden, dass jeder seine Freiheit leben kann in Achtung vor der Freiheit des anderen. Dieser Rechtszustand ist ein komplexer Prozess, in den Kinder hineinwachsen und in welchem sie Begleitung und Anleitung durch die Eltern brauchen. Sie erlernen diesen Prozess der Vermittlung von Werten zunächst, indem sie die Eltern und Freunde nachahmen.

Auch die Katze hat ein Recht auf Leben
Das vierjährige Kind hackt mit einem Stock auf eine Katze ein.
Mutter: *„Stopp, die Katze wird nicht geschlagen, die Katze hat ein Recht, bei uns zu leben (Recht auf Leben: den Wert benennen) und sie darf es gut bei uns haben, so wie du auch. Bist du neugierig und willst sehen, wie die Katze reagiert, wenn du sie mit dem Stock schlägst?" (Einfühlung für die positive Absicht des Kindes)*
Kind: *„Der Tom hat auch seinen Bär geschlagen."*
Mutter: *„Du wolltest erfahren, wie deine Katze reagiert? Toms Bär ist ein Stofftier und eine Katze ist lebendig und fühlt Schmerzen wie du."*

Im obigen Beispiel vermittelt die Mutter ihre Werte von Respekt und Achtung für alle lebenden Wesen. Das Bedürfnis, das sich die Mutter mit Respekt und Achtung erfüllt, ist die Liebe. Wenn das Kind die Werte der Mutter übernimmt, ist die Unterscheidung wichtig, ob das Kind es freiwillig so wählt oder ob es einen Wert übernimmt, weil es Angst hat, von den Eltern nicht mehr geliebt zu werden. Dies geschieht, wenn Eltern verurteilend zum Kind sagen: *„Ein respektvoller Mensch tut dies oder tut das nicht. Dein Verhalten ist einfach respektlos, glaubst du etwa, es macht Spaß, mit dir zusammen zu sein?"*

··➢ 1.3.1.2 Relative Werte

Das Recht auf Leben bildet die Grundlage des Lebens und daraus erwachsen weitere Werte, die sich in drei Kategorien einteilen lassen:
Beziehungswerte, ästhetische Werte und Strukturwerte.

1. Beziehungswerte:
a. Einmal gestalten sie die direkte Beziehung von Mensch zu Mensch auf einer Basis von Recht und Unrecht. Dazu gehören die Werte ***Gerechtigkeit, Wahrheit und Freiheit****.*

b. Zum anderen gibt es Beziehungswerte, welche die direkte Beziehung von Mensch zu Mensch auf der Basis von persönlichen Empfindungen gestalten. Hier gilt die Vielfalt menschlicher Lebensäußerungen. Zu diesen Werten gehören ***Achtsamkeit, Vertrauen, Toleranz, Respekt, Gastfreundschaft, Großzügigkeit, Rücksichtnahme und die Balance von Geben und Nehmen, Sprechen und Zuhören und Aktivsein und Ausruhen.*** *Es gibt viele Strategien, wie diese Werte gelebt werden. In einer Gemeinschaft kann es Vorlieben für die eine oder andere Art geben – mehrere Formen können auch bequem nebeneinander existieren.*

In der Gewaltfreien Kommunikation werden die Beziehungswerte auch soziale Bedürfnisse genannt, weil jeder Mensch sagen kann: „Mir ist Gerechtigkeit wichtig" oder: „Ich brauche Respekt und Achtung." In der Tiefe liegt unter diesen sozialen Bedürfnissen eines der neun persönlichen Bedürfnisse. Unter Respekt erfüllt sich der eine Mensch sein Bedürfnis nach Liebe und der andere nach Autonomie. Unter Gerechtigkeit erfüllt sich der eine Mensch Sicherheit und der andere Mensch Geborgenheit. Auf der Bedürfnisebene löst sich die Beurteilung von „richtig oder falsch, Recht oder Unrecht" auf.

Wenn zwei oder mehr Menschen sich treffen, braucht es Absprachen, was die beiden Menschen unter Respekt und Gerechtigkeit oder auch Großzügigkeit und Wahrheit verstehen. Diese Absprache beinhaltet individuelle Bewertungen der Wirklichkeit.

Bewertungen von „richtig" und „falsch" werden gewaltsam, wenn sie Menschen **ver-urteilen**, nicht aber, wenn sie die subjektiv wahrgenommenen Wirklichkeiten **be-urteilen**. Ohne eigene Beurteilung der Wirklichkeit könnte ein Mensch sich nicht sozial verhalten.

Wenn ein Kind rechnet: 2+5=8 und daraufhin hört „falsch", ist es keine natürliche Folge, dass es sich deswegen verurteilt und anfängt zu weinen, weil es glaubt, es sei dumm. Irgendjemand hat ihm diese Verurteilung beigebracht. Es kann auch lernen, dass es ein wertvoller Mensch bleibt, unabhängig davon, welche „Fehler" es in der Mathematik oder in anderen Lebensbereichen macht.

Der Lehrer könnte dem Kind sagen: „Ich bin sicher, dass du die Fähigkeiten hast, alles zu lernen, was du lernen willst. Du kannst die Mathematik erlernen und dafür brauchst du einen Lehrer, der die Fähigkeiten hat, dir die Logik verständlich zu machen."

2. Ästhetische Werte:
Diese Werte werden über unsere Sinne erfahren und haben viel mit dem persönlichen Geschmack zu tun. Es ist die Schönheit in verschiedensten Lebensbereichen wie der Natur, der Kultur, der Kunst oder die äußere Gestaltung des Zusammenlebens. Es ist die Art der persönlichen Ordnung, die ich brauche, um mich wohlzufühlen.

3. Strukturwerte:
Strukturen geben Gesellschaften Orientierung, sodass auch fremde Menschen miteinander in Kontakt treten können, ohne ständig neu Absprachen zu treffen, wie der andere es meint. Zu den Strukturwerten gehören: Ordnung, Klarheit, Transparenz und Information. Mathematik, Grammatik der Sprachen oder die Straßenverkehrsordnung brauchen feststehende Ordnungen, an die sich alle Menschen halten, um das Zusammenleben zu erleichtern. Diese feststehenden Regeln haben sich durch Absprachen entwickelt und sind somit auch veränderlich. Bis zur Änderung gilt hier „richtig und falsch", weil so die Struktur für manchmal Millionen Menschen verlässlich wird. Diese „großen" Systeme bringen einerseits Verlässlichkeit und Stabilität und andererseits die Gefahr von Unflexibilität und Starre.

Recht auf Leben bedeutet, es gibt nur die eine richtige Entscheidung: es zu schützen und zu erhalten. Alle anderen Werte sind relativ, weil sie diesem Leben dienen und auf unterschiedliche Weise gelebt werden können. Das Zusammenleben in Gesellschaften vereinfacht sich, wenn unter den Menschen Absprachen getroffen werden, wie diese Werte gelebt werden können. Solange diese Absprachen gelten, gibt es „richtige" und „falsche" Verhaltensweisen, die aber insofern relativ sind, als sie jederzeit durch neue Absprachen geändert werden können.

Ein Mensch fühlt sich geborgen, wenn er seine eigenen Werte in Übereinstimmung mit denen seiner Gemeinschaft leben kann.

1.3.1.3 Recht und Unrecht

Die Erfahrung zeigt, dass es zu keiner menschlichen Begegnung kommen kann, wenn Menschen zueinander sagen: „Du hast Unrecht."

Bei Wertkonflikten hat die Gewaltfreie Kommunikation als innere Haltung und auch als Kommunikationsmethode ihren Raum. Sie ermöglicht, mit den Bedürfnissen des anderen Menschen in Kontakt zu treten.

Das Zitat von Rumi veranschaulicht diesen Prozess: *„Jenseits von richtig und falsch gibt es einen Ort. Dort treffen wir uns."*

An diesem Ort, ich nenne ihn „Rumis Ort", streiten wir nicht mehr um das Recht, sondern überlegen, wie wir beide unsere Bedürfnisse erfüllen und dabei unsere jeweiligen Werte achten können. Wir achten an diesem Ort darauf, dass der einzelne Mensch wahrgenommen wird, und finden einen Weg, auf dem sich jeder wohlfühlen kann.

An diesem Ort schaffen wir mit Sprache Verbindung zu dem anderen Menschen, indem wir unsere Urteile zur Seite stellen und nur noch auf das hören, was jeden von uns bewegt.

Wir erzählen uns an diesem Ort, was wir selber brauchen, und hören darauf, was der andere braucht.

Am gegenseitigen Vertrauen können wir erkennen und fühlen, dass dieser Ort erreicht ist. Jeder darf so sein, wie er sein möchte. Manipulation oder Herrschaft können dort nicht existieren. Stattdessen tritt lebendige Nähe ein, die uns staunen lässt. Die Freude über die Begegnung ist vergleichbar mit einem Moment, bei dem ein Mensch auf einem Floß mitten in einem riesigen Ozean unerwartet einen anderen Menschen trifft.

An Rumis Ort finden wir im ersten Schritt heraus, welche Bedürfnisse jedem Einzelnen wichtig sind. Wenn die Bedürfnisse bekannt sind, dann ist es leicht, in einem zweiten Schritt die Verhaltensweisen auszuwählen, die die Werte aller Beteiligten berücksichtigen.

⇢ *1.3.1.4 Beispiele für Sprachmuster, die diese Verbindung schaffen.*

Die Sprachmuster können die Elemente von Beobachtung, Gefühl, Bedürfnis, Bitten oder Dank enthalten.

Gerechtigkeit: *„Ist dir Gerechtigkeit wichtig und erfüllt sie sich für dich, indem jeder einen gleich großen Pudding bekommt? Bedeutet ein gleich großer Pudding, wie du und dein Bruder ihn haben, dass du sicher weißt, dass ich euch beide lieb habe?"*

Wahrheit: Das Kind hat erfahren, dass es keinen Weihnachtsmann gibt. *„Ich wüsste gerne, was jetzt in dir vorgeht. Können wir darüber reden?"*

Freiheit: Das Kind darf im Kino den Film, der ab 16 Jahre freigegeben ist, nicht anschauen: *„Fühlst du dich traurig, weil du selber entscheiden möchtest, was du dir zutraust?"*

Achtsamkeit: *„Wünscht du dir, dass gesehen wird, wie wichtig dir dein Hase ist?"*

Vertrauen: *„Kannst du mir sagen, was du jetzt brauchst, damit du wieder vertrauen kannst?"*

Toleranz, Respekt: *„Wenn du deine Schwester schlägst, bin ich traurig, weil mir Respekt wichtig ist. Wie denkst du darüber?"*

Gastfreundschaft, Großzügigkeit: *„Wir bekommen Gäste. Gastfreundschaft ist mir wichtig und ich möchte darüber sprechen, wo die Gäste schlafen können. Was denkt ihr darüber?"*

Rücksichtnahme und Balance von Geben und Nehmen: *„Wenn ich die Arbeit sehe, fühle ich mich allein und brauche Unterstützung. Kannst Du mir sagen, was dich hindert abzuwaschen, damit ich deine Entscheidung besser verstehen kann?"*

Schönheit: Das Kind malt die Tapete an. *„Hast du Freude und möchtest unsere Wohnung verschönern? Ich bin erschrocken, weil mir weiße Tapeten wichtig sind. Was hast du jetzt von mir gehört?"*

Ordnung: *„Ich möchte meine Sachen schnell finden können. Orientierung ist mir wichtig. Ist das etwas, das du auch möchtest?"*

Klarheit, Transparenz: Das Kind sagt auf die Frage der Mutter, was es eben gehört habe: *„Ich soll aufräumen."* Mutter: *„Ah, du hörst eine Forderung. Ich möchte, dass du hörst, dass ich angestrengt bin, weil mir Unterstützung wichtig ist. Bitte räume dein Spielzeug in die Kiste. Kannst du wiederholen, was du gehört hast, worum es mir geht?"*

Information: *„Ihr lacht, ich bin irritiert – ich möchte wissen, was euch amüsiert? Könnt ihr mir sagen, ob es mit meiner neuen Frisur zu tun hat?"*

Ehrlichkeit: *„Bist du ganz angespannt, weil du die CD mitgenommen hast, obwohl du wusstest, dass sie einen Preis hat? Bist du traurig, weil du dir auch alles kaufen möchtest, was dir wichtig ist, und du siehst, dass wir Eltern genug Geld dafür haben? Wie geht es dir denn jetzt, wenn du hörst, dass ich möchte, dass du die CD bezahlst, weil mir Ehrlichkeit wichtig ist?"*

Vielleicht kann das Kind erzählen, wenn es sich als Mensch angenommen weiß, was es bewegt hat, die CD nicht zu bezahlen. Gemeinsam können Eltern und Kind darüber reden, was jeder unter Ehrlichkeit versteht und in welchen Situationen Ehrlichkeit jedem wichtig ist. – Eltern könnten sagen:

„Ehrlichkeit ist mir wichtig, wenn ich mit Freunden zusammen bin – ganz besonders ist mir Ehrlichkeit unter uns Familienmitgliedern wichtig, damit wir uns vertrauen können. Was denkst du darüber?“

„Es gibt für mich auch Situationen, da kann ich mir vorstellen, nicht die Wahrheit zu sagen. So wie damals, als wir im Golfkrieg den Behörden verschwiegen, dass wir in unserem Haus zwei Amerikaner versteckt haben, die nicht mehr in den Krieg ziehen wollten. Uns war ihr Schutz wichtig.“

In der Verbindung zu unseren Kindern finden wir Absprachen, die uns Orientierung für unser Zusammenleben geben.

Regeln, auf die sich eine Gesellschaft, Gemeinschaft oder Familie einigt, vereinfachen das Zusammenleben.

···› 1.3.1.5 Gesellschaftliche Werte

Werte können in einer Gesellschaft mehr in den Vordergrund treten oder wieder an Bedeutung verlieren. So hatten in früheren Generationen auch Werte wie Gehorsam und Selbstbeherrschung einen wichtigen Stellenwert, weil das Bewusstsein der damaligen Menschen darauf gerichtet war, dass in einem hierarchischen System „oben“ jemand weiß, was für die Menschen „unten“ richtig ist.

Unser gesellschaftliches Weltbild hat sich grundlegend gewandelt, seitdem wir keinen Menschen mehr kennen, dem wir „oben“ gottgleich vertrauen könnten.

Während körperliche Grenzen durch Naturgesetze unabänderlich vorgegeben sind, z.B. verbrennt die Haut ab 50 °C, können Menschen im Zusammenleben unterschiedlichste Werte bevorzugen und entsprechende Regeln aufstellen, die an die Lebenssituation sinnvoll angepasst sind. Erst im Zusammenleben zeigt sich, welche Regel dem Leben dient und damit sinnvoll ist und welche eher eine Zwangsjacke darstellt, in die sich Menschen hineinpressen, weil die Regel es so bestimmt.

In einer Gemeinschaft kennt jeder die Regeln und wenn er sich daran hält, dann
- **entweder aus Gewohnheit,**
- **weil er sich dafür entschieden hat oder**
- **weil er dazu gezwungen wird.**

Letzteres lehne ich heute ab.

1.3.1.6 Werte und Moral

Werte wurden früher oftmals moralisch vermittelt, indem Eltern Sätze zu den Kindern sagten, die das Wörtchen „man“ enthielten. Dies entspricht einem Zwang: „Du hast keine Wahl, so musst du es machen.“

So hörte ein Kind Sätze wie: „Das tut man nicht, man nimmt die Gabel so ...“ oder: „Man lügt nicht.“ Diese Sichtweise vermittelt, dass dieser **„man“** die ganze Welt regieren würde und die Menschen, die sich daran halten, „richtig“ und die anderen „falsch“ seien.

Moral vermittelt den Anspruch, sie sei wie in Stein gemeißelt und damit unveränderlich, und damit einhergehend gleichfalls den Zwang, jeder hätte sich ihr unterzuordnen. Herrschende Instanzen gaben Werte vor und zwangen ihre Untertanen, diese zu übernehmen und an ihre Kinder weiterzugeben. Kinder lernten sich selbst zu zwingen, bestimmte Regeln und Normen einzuhalten, weil man das so tut. Gleichzeitig hörten sie von ihren Eltern, dass sie nur dann gute Menschen seien, wenn sie diese Unterwerfung auf jeden Fall vollzogen. Ansonsten bekamen sie keine Anerkennung innerhalb der sie schützenden Gemeinschaft.

1.3.1.7 Standpunkt einnehmen

Heute bekommen wir die Chance zur Selbstgestaltung unserer Lebensräume und haben mehr Freiräume als in früheren Jahrhunderten, unsere Individualität zu leben. Gleichzeitig haben wir die Sehnsucht nach der Verwurzelung in einer Gemeinschaft. Es ist Teil des Menschseins, Bindungen zu anderen Menschen zu suchen. Aus diesem Grund orientieren wir uns in unserem Handeln an unseren eigenen Bedürfnissen und gleichzeitig an dem, was anderen Menschen wichtig ist.

Heute können Eltern *wählen*, was sie an ihre Kinder weitergeben. Aber hoffentlich haben Eltern überhaupt einen *Standpunkt*. Es gibt Eltern, die ihre Werte aus Angst nicht vertreten, weil sie nicht wie früher Herrschaft ausüben wollen. Sie nehmen zu vielen Wünschen ihrer Kinder keine Stellung. Sie vermitteln in dem Fall den Wert, dass es keine Werte zu vertreten gibt.

Eltern brauchen einen Standpunkt, wenn sie mit Kindern leben. Keine Werte zu vermitteln und Standpunkte einzunehmen, bedeutet für Kinder Orientierungslosigkeit.

Mein Computer hat ein Betriebssystem und eine Benutzeroberfläche. Das Betriebssystem darf nicht verändert werden, ansonsten läuft der Computer nicht mehr. Auf der Benutzeroberfläche kann gestaltet und wieder gelöscht werden.

Jede Familie hat Werte im Sinne eines Betriebssystems und Gestaltungsmöglichkeiten im Sinne einer Benutzeroberfläche. In der Familie braucht es Klarheit, im Sinne eines Betriebssystems, welche Werte hier gelebt werden. Diese werden von den Eltern vorgegeben. Von dieser Grundlage aus werden Eltern mit den Kindern Regeln aufstellen, damit jeder seine Bedürfnisse erfüllen kann. Es gibt Werte in einer Familie, die bestehen, bevor das Kind in diese Familie einzieht.

Wenn das Kind als „Neues“ in eine Familie kommt, sind oftmals die Eltern bereit, ihre Gewohnheiten auf diesen Neuankömmling einzustellen. Manche Regeln verändern sich, so die Schlafenszeiten, Arbeitsgewohnheiten und auch die Ordnung. Regeln können geändert werden, die Werte der Eltern sind aber das Fundament der Familie.

Eltern sind wie eine Insel im Meer – Kinder kommen mit ihrer Geburt aus dem Meer zu ihren Eltern. Sie bleiben dort ein paar Jahre und genießen Sicherheit und Schutz und lernen alles, was sie zu ihrem Weiterleben brauchen. Gut ausgerüstet machen sie sich dann auf den Weg, um ihre eigene Insel zu gestalten. Die Insel ist das Symbol für alle Werte, die den Eltern wichtig sind.

Die Unsicherheit vieler Eltern in der Begleitung ihrer Kinder zum Leben drückt sich mir in dem umgekehrten Bild aus: Eltern springen zu ihren Kindern ins Meer, um sie zu begleiten, und suchen schwimmend Halt für ihre Aufgabe, statt ihren Kindern auf ihrer Insel Halt zu geben.

Solange wir zusammenleben, sind unsere Werte unser gemeinsames Fundament und gehören zu unserem Familienbetriebssystem.

Auch ich fürchtete mich lange, einen Standpunkt gegenüber meinen Kindern einzunehmen und ihnen Grenzen zu setzen, weil ich meinen Kindern nicht herrschaftlich nach alter Tradition etwas aufzwingen wollte. Ich kannte keine Alternative zu „gezwungen werden“.

Ich sagte, wenn meine Kinder etwas wollten oder taten, womit ich nicht einverstanden war: „Ja, wenn du meinst?!“

Werte werden sich Kinder auf jeden Fall bilden. Ob die Kinder letztlich die Werte der Eltern übernehmen, hängt davon ab, ob die gelebten Werte der Eltern die Kinder überzeugen. – Meine jugendlichen Kinder demonstrieren mir regelmäßig, was die Gleichaltrigen vorgeben, und welcher Trend, welche Werte gerade wie gelebt werden. Ich höre von meinen Kindern, was auch ich schon meinen Eltern mitteilte, dass Eltern von vorgestern seien und keine Ahnung vom wirklichen Leben hätten.

Ich entdeckte aber, **dass Kinder Werte zunächst gern übernehmen, sie aus Gewohnheit beibehalten und später freiwillig ihre eigenen Werte wählen.**

Kinder übernehmen gern unsere Gewohnheiten, weil sie mit unseren Vorlieben leben wollen. Das Vertraute gibt zunächst Sicherheit.

1.3.1.8 Regeln und Rhythmen für Kinder

Wiederholungen von Abläufen in Form von Rhythmen und Ritualen helfen dem kleinen Kind, Sicherheit zu bekommen und seine Welt zu verstehen. Sie geben ihm ein Gefühl von Zugehörigkeit. Das Kind lernt alles, was in seiner Familie als normal gilt und selbstverständlich ist.

Kinder sind ständig dabei, Orientierung zu finden. Mit vier Jahren fragten meine Kinder manchmal: „Ist es jetzt Morgen oder Abend?" Es half ihnen, dies an dem Ritual der Art der Nahrung zu unterscheiden: Morgens gab es Marmelade, abends Käse.

Das täglich gleiche Bettgehritual ist für Kinder eine Hilfe zu entspannen und in den Schlaf zu finden.

Wenn ich in einem mir unbekannten Hotel übernachte und beim Einschlafen ein Knarren und Surren höre, bin ich hellwach und höre mit offenen Ohren, ob alles in Ordnung ist. Erst wenn ich mir erklären kann, dass es wohl der Fahrstuhl ist, der da ab und zu vorbeirattert, finde ich zurück in meine Entspannung und kann auch bei diesem Geräusch einschlafen.

Kindern helfen wir, wenn wir ihnen eine Welt schaffen, die sie verstehen können, denn dann fühlen sie sich sicher und geborgen.

Schwierig ist es für Kinder, sich in einer Familie zurechtzufinden, in der mal diese und mal jene Regel gilt. Sie brauchen in einer solchen Familie länger, bis sie Orientierung finden.

Angenommen es gibt klare Regeln in einer Familie, dann werden unterschiedliche Kinder unterschiedlich lang brauchen, bis sie die Regeln übernehmen. Manche Kinder akzeptieren sie nach dem ersten Mal, andere nach dem zehnten Mal. Das ist wie mit der Herdplatte, die manche Kinder, wie oben beschrieben, zehnmal anfassen, bis sie akzeptieren, dass sie heiß ist.

Kinder können sich auch darauf einstellen, dass bei verschiedenen Personen unterschiedliche Regeln gelten. Unsere Kinder lernten, dass bei uns nur am Tisch gegessen wird, wegen der Krümel, die ich nicht im ganzen Haus finden möchte. Bei Oma ist es erlaubt, gemütlich auf dem Sofa vor dem Fernseher zu kauen. Oma hat da eine andere Toleranz und auch eine andere Regel.

Schwierig wird es nur, wenn die eine Regel bei der gleichen Person in der gleichen Situation heute gilt und morgen nicht. Dann haben die Kinder Mühe, sich zurechtzufinden. Das wäre auch für Erwachsene schwierig.

Kinder kommen gar nicht auf die Idee, dass auch Eltern die Ursache der Verwirrung sein könnten. Wenn Kinder dann hören, sie stellten sich blöd an, werden sie dies letztlich glauben. Es entsteht ein Gefühlsmix, der daraus besteht, ungerecht behandelt zu werden, irgendwie nicht richtig zu sein und sich Anerkennung zu wünschen.

Was diese Kinder brauchen, sind Eltern, die ihnen klar sagen, welche Regel in der jeweiligen Situation gilt, ohne Vorwürfe, Urteile und verletzende Bemerkungen. So lernen Kinder soziale Zusammenhänge, Werte und Regeln kennen. – Kinder, die mit unklaren Regeln aufwachsen, sind frustriert und unzufrieden, weil sie Orientierung brauchen. Sie wollen sich zurechtfinden können.

1.3.1.9 Kinder brauchen klare Regeln

Kleine Kinder lernen Regeln durch ihre Eltern kennen, wie ein Fremder, der eine neue Kultur kennenlernt. Sie schauen, wie es die Eltern tun und wiederholen es selbst im Spiel.

Viele Eltern wünschen sich, dass Kinder im Haushalt mithelfen. Diese Eltern haben meist vergessen, dass die gleichen Kinder, als sie zwei bis drei Jahre alt waren, so gerne mithelfen wollten, dass es den Eltern zu viel wurde. Wenn der Vater kochte, stellte sich der zweijährige Sohn daneben und wollte unbedingt auch im Kochtopf umrühren, und wenn die Mutter den Fahrradschlauch flickte, nahm der kleine Junge einen beliebigen Metallschlüssel und klopfte gegen die Speichen des Fahrrads, weil er zuvor gesehen hatte, wie die Mutter mit diesem Schlüssel das Rad ausbaute. Kinder brauchen hier begleitende Worte der Eltern, dass gegenseitige Hilfe wertvoll ist. Das Kind erfährt Freude, indem es durch den Dank der Eltern hört, dass es sinnvoll zum gemeinsamen Leben beitragen kann.

Mutter: „*Ich freue mich, dass du mir helfen möchtest. Nimm diesen Schlüssel und stecke ihn an die Schraube.*"
Vater: „*Willst du auch kochen und helfen, dass die Suppe nicht anbrennt? Hier bekommst du einen eigenen Löffel und Suppe in deinen Topf, die darfst du jetzt gut umrühren. Ich freue mich über deine Hilfe.*"

Stattdessen hören Kinder: *„Jetzt geh mal weg, ich kann dich hier nicht gebrauchen, geh spielen, ich muss kochen und das ist jetzt wichtiger. Du störst hier nur."*

Es sind die gleichen Eltern, die schon Jahre später anklagend ihre Kinder auffordern: *„Nie kannst du mir helfen, immer willst du nur spielen! Du musst auch mal was helfen und jetzt den Tisch decken."*

Gegenseitige Hilfe ist ein Geschenk und der Zweijährige braucht für seine noch unvollkommene Hilfe Anerkennung von den Eltern, auch wenn dabei mal ein Glas zerbricht. Dadurch bleibt die Freude am Schenken erhalten. **Kleine Kinder halten sich gern an klare Regeln und wiederholen das ihnen Bekannte immer und immer wieder.**

Sie wollen immer auf ihrem eigenen Stuhl an der gleichen Stelle sitzen und lieben das, was sie kennen: eine ihnen vertraute Welt. Sie wollen sich zurechtfinden in ihrer Familie. Es gibt ihnen Sicherheit, wenn es in ihrem Tagesablauf und auch im Jahresablauf so abläuft, wie sie es kennen. Aus diesem Grunde bestehen kleine Kinder darauf, dass die Gutenachtgeschichte genauso erzählt wird wie gestern und vorgestern. Sie wollen die Geschichte immer wieder hören und kein Wort darf verändert werden. In der Wiederholung des Gleichen erleben die Kinder die Welt als sicher und sie beginnen sich auszukennen. Rhythmen gibt es im Verlauf des Tages, der Woche und des Jahres: Beispielsweise sitzt bei Tisch jeder an seinem eigenen Platz, sonntags unternimmt die Familie einen Spaziergang und jedes Jahr an Ostern kommen die Großeltern.

1.3.1.10 Lebenszusammenhänge entdecken

Große Kinder wollen sich auch an Regeln halten, jedoch wollen sie mit zunehmendem Alter keine vorgegebenen Regeln, sondern wollen diese gemeinsam mit den Eltern aufstellen.

Es gibt keinen bestimmten Zeitpunkt, von dem an kleine Kinder groß sind. „Groß-sein" im Sinn von Verantwortung übernehmen können besteht in den Bereichen, wo Einsicht in die Lebenszusammenhänge entstanden ist. Zu den Lebenszusammenhängen gehören:

- ➜ die sichtbare Welt des Funktionierens,
- ➜ die unsichtbare Welt der Regeln für das Zusammenleben.

Funktionieren heißt:

- ➜ Der flüssige Teig wird nach dem Backen fest.
- ➜ Der Föhn bläst die Haare trocken.
- ➜ In dieses Loch am Auto füllen wir Benzin, damit es fahren kann.

Unsichtbare Regeln des Zusammenlebens sind:

- ➜ Wenn Oma „vielleicht" sagt, dann heißt das Nein.
- ➜ Bei der Begrüßung schauen wir uns in die Augen und geben die Hand.
- ➜ Sonntags treffen wir uns zur Familienkonferenz und essen Kekse.

In den ersten Jahren wird der Wille des Kindes unbewusst geformt durch Rhythmen und Rituale, die Eltern vorgeben und die zur Gewohnheit werden. So erklärt sich, wieso das Kind an Weihnachten das bekannte Weihnachtsessen will, das es schon „immer" gab, und die Geschichte am Abend so hören will wie beim letzten Mal.

Erst wenn das Kind älter wird und mit den tradierten Gewohnheiten nicht mehr in der Lage ist, seine persönlichen Bedürfnisse zu erfüllen, werden Eltern ihrem Kind zunehmend Freiheit geben. Das Kind, das sich an den Lebensstil der Eltern gewöhnt und ihn in weiten Bereichen unbewusst übernommen hat, entscheidet sich dann zu einem bewussten, selbstbestimmten Leben. Die Gewohnheiten der Eltern übernimmt ein kleines Kind freiwillig, es handelt sich hierbei nicht um die Unterwerfung unter einen fremden Willen.

1.3.1.11 Werte und Regeln in der Familie

Auf der Ebene der Verhaltensweisen, wo es darum geht, nach welchen Regeln die Werte gelebt werden, gibt es in Gemeinschaften wie in einer Familie ein „Falsch" und ein „Richtig", weil mehrere Menschen im Zusammenleben eine Verlässlichkeit der Regeln brauchen. Dieses „Falsch" und „Richtig" ist auch eine Frage von Absprachen. Diese Regeln können verändert werden, wenn alle Beteiligten dem zustimmen.

Menschen haben unterschiedliche Regeln, mit denen sie ihre Werte leben. In einer Familie könnte es so aussehen:

Werte	Regeln
Gesundheit	Abends putzen wir unsere Zähne.
Ordnung	Die Jacke hängt am Haken.
Rücksichtnahme	Einem älteren Menschen machen wir im Bus einen Platz frei, damit er sich setzen kann.
Achtsamkeit	Spielzeug und Bücher werden so benutzt, dass sie heil bleiben.
Wahrheit	In unserer Familie sind wir ehrlich im Umgang miteinander.
Vertrauen	Familiengeheimnisse gehören uns.
Gerechtigkeit	Jeder gibt ab, so viel er kann, und nimmt sich, so viel er braucht.

Wir leben in einer vielschichtigen Gesellschaft, deshalb können in einer anderen Familie Werte anders gewichtet werden oder aber gleiche Werte gelten mit anderen Regeln:

Werte	Regeln
Gesundheit	Nach jedem Essen putzen wir Zähne.
Gerechtigkeit	Jeder hat so viel Eigentum, wie er bezahlen kann.
Schönheit	Haare werden jeden Morgen gekämmt.
Erfolg	Erst Hausaufgaben erledigen, dann spielen gehen.

Wenn Gesundheit in einer Familie ein wichtiger Wert ist, dann wird es viele Regeln zur Ordnung und Sauberkeit geben. Ist in einer anderen Familie Zusammengehörigkeit wichtiger als Gesundheit, dann kann bei einem Fest auch darüber hinweggeschaut werden, dass ein Kind ohne Zähneputzen ins Bett kommt.

Welche Werte sind Ihnen wichtig? Mit welchen Regeln leben Sie diese Werte in Ihrer Familie? – Wenn Regeln nicht eingehalten werden, gibt es zwei Gründe:

1. Jemand erfährt zum ersten Mal von dieser Regel. Sie ist ihm unbekannt und deshalb kann er sie nicht einhalten.
2. Die Regel ist bekannt, aber wird nicht eingehalten, weil für ihn damit ein anderes wichtiges Bedürfnis unerfüllt bliebe.

1.3.1.12 Unbekannte Regeln

Kinder, die in ihre soziale Welt hineinwachsen, werden von jeder bestehenden Regel ein erstes Mal hören. Sie brauchen klare Informationen über deren Inhalt. Eltern informieren ihre Kinder: *„Wir geben uns die Hand, wenn wir uns begrüßen, weil uns Respekt wichtig ist."*

Wenn das Kind beim Nachbarn Tulpen pflückt, dann sagen die Eltern wie bei der heißen Herdplatte: *„Stopp!"*

Sie informieren über das Stopp bei der Herdplatte, indem sie sagen, dass sie heiß sei und das Kind sich verbrennen könne, und bei Nachbars Tulpen geben sie folgende Information: *„Die Tulpen gehören unserem Nachbarn. Er möchte sie anschauen und selber entscheiden, wann er sie pflückt."*

Dabei haben Eltern folgende Gedanken: *„Bist du traurig, weil du die schönen Tulpen abpflücken möchtest? Wünschst du dir Freiheit, nehmen zu können, was dir gefällt? Dies geht nur, wenn du gleichzeitig die Freiheit des anderen anerkennst. Ich vermittle dir meine Erfahrung, wie mitmenschliche Beziehungen funktionieren. So wie ich dir zeige, wie ein Lichtschalter funktioniert oder ein Schloss aufzuschließen ist oder die Zeit in der Uhr abzulesen ist, zeige ich dir meine Erkenntnisse über soziales Zusammenleben."*

Weiter fühlen sich die Eltern in das Kind ein, das frustriert ist, weil es die Tulpen mitnehmen möchte: *„Bist du traurig, weil dir die Tulpen so gefallen und du sie nicht pflücken darfst? Es wäre schön für dich, wenn du sie hier pflücken dürftest."*

Dabei ist klar, dass in anderen Kulturen z.B. persönliches Eigentum nicht existiert oder dass zur Begrüßung die Nase oder Stirn gerieben wird. Eltern vermitteln ihren Kindern Erkenntnisse, mit welchen Regeln sie Werte leben, immer mit dem Bewusstsein, in anderen Familien und Kulturen kann es hinsichtlich des Zusammenlebens andere Regeln geben.

1.3.1.13 Werte in fremden Kulturen

So wie jede Familie ihre eigenen Werte und Regeln lebt, hat auch jede Kultur ihre eigenen Regeln, und für einen Besucher ist es sinnvoll, diese kennenzulernen.

Wenn ich in Japan eine Tasse Tee angeboten bekomme, sollte ich sie mehrmals ablehnen, bevor ich sie annehme, ansonsten gelte ich als „gierig". Es ist die japanische Art, den Wert Höflichkeit zu leben. Obwohl ich ein anderes Verständnis von Höflichkeit habe, halte ich mich gern an diese Sitte, wenn ich mit meinem japanischen Gastgeber in Kontakt trete. Erst wenn wir uns kennengelernt haben, könnten wir unter Umständen überlegen, ob diese Regel unser Zusammenleben bereichert oder eine andere Regel gefunden werden kann.

Folgende Erfahrung machte ein Bekannter von uns auf den Philippinen: Mit den Männern hatte er aus unerklärlichen Gründen wiederholt Konflikte, während er mit Frauen gut auskam. Später erfuhr er, dass es in der dortigen Kultur üblich ist, Wertschätzung zu zeigen, indem beim Gespräch direkter Augenkontakt vermieden wird, dieser wird als Überlegenheitsgeste gedeutet. Da Frauen in der dortigen Kultur diese Behandlung gewohnt waren, störten sie sich nicht an seinem Augenkontakt, während die Männer dies regelmäßig als Angriff deuteten und dementsprechend aggressiv reagierten. Für ihn war das Kennenlernen dieser Regel wichtig, um einen guten Kontakt auch zu den Männern zu bekommen. Wenn er dagegen in unserem Kulturkreis seinen Gesprächspartner nicht anschauen würde, würde er Irritationen auslösen. Wenn Fremde die Regeln des Gastlandes nicht kennenlernen, bleiben sie fremd.

Kinder, die in unsere Familie geboren werden, sind zunächst Fremde. Im Laufe der Zeit lernen sie unsere Werte und Familienregeln kennen. Diese Regeln sind für sie umso leichter zu lernen, je klarer sie weitergegeben werden.

Kinder, denen keine Werte und Regeln vermittelt wurden, sind vergleichbar mit Autofahrern, denen die Straßenverkehrsordnung nicht erklärt wurde. Diese Autofahrer würden an der nächsten roten Ampel aussteigen und mit einem anderen Verkehrsteilnehmer klären, welches Bedürfnis gerade in jedem lebendig ist, um herauszufinden, wer nun zuerst fahren wird. Sicher kämen die Autofahrer auch zum Ziel, nur später als geplant. Regeln im Straßenverkehr vereinfachen den Verkehrsfluss, weil sie Absprachen sind, denen alle Verkehrsteilnehmer zustimmen, wenn sie ihren Führerschein machen.

1.3.1.14 Bekannte Regeln

Wenn Kinder Regeln nicht einhalten, über die sie informiert wurden, brauchen sie keine weiteren Informationen. Die Regel ist schon bekannt und das Kind sagt Nein zu der Regel. Hier braucht es die Begegnung an „Rumis Ort", an dem Eltern heraushören können, was das Kind daran hindert, sich an eine sinnvolle Regel zu halten. Vielleicht stellen sie dort fest, dass die Regel gar nicht mehr so sinnvoll ist.

Halten Kinder Regeln nicht ein, besteht ein Konflikt. Konflikte entstehen, wenn ein Kind einen Wert leben möchte, den Eltern nicht teilen, oder wenn Eltern Werte leben, die Kinder nicht leben möchten. Auf der Ebene der Werte gibt es richtig und falsch und wir werden erst wieder in Frieden zusammenleben können, wenn wir uns an „Rumis Ort“ treffen, wo es kein richtig und falsch gibt. Dieser Ort der Begegnung ist die Ebene unserer Bedürfnisse.

1.3.1.15 „Ich will mein Zimmer mit einem Schlüssel abschließen“

In einer Familie mit vier Kindern im Alter von 6 bis 16 Jahren entwickelte ein Kind, wir nennen es Emma, die Gewohnheit sich in ihrem Zimmer einzuschließen. Besonders problematisch gestaltet sich die Situation, wenn Emma im Streit mit den Geschwistern anfängt zu schlagen und schnell in ihr Zimmer rennt und die Tür zuschließt. Die Geschwister stehen dann wütend vor ihrer Tür und schlagen dagegen.

Der Wert Offenheit wird in dieser Familie gelebt, indem Türen zwar geschlossen, aber nicht abgeschlossen werden. Emma kennt die Regel und hörte schon wiederholt von den Eltern: *„In unserem Haus sind die Türen zu den einzelnen Zimmern aufgeschlossen.“*

Solange sie dies akzeptierte, war der obige Satz die Information über die bestehende Familienregel. Da sich Emma nicht mehr an die Regel hält, braucht es keinen moralischen Appell, der zur Unterordnung anleitet.

Die Ebene der Moral würde sich so anhören: *„Das darfst du nicht tun, wir schließen unsere Türen nicht ab.“*

Zunächst braucht Emma eine Begegnung an „Rumis Ort“. Der Vater redet auf der Ebene der Bedürfnisse mit Emma:
Vater: *„Ist dir deine Sicherheit wichtig und du fühlst dich sicher, wenn du deine Tür abschließen kannst?“*
Emma: *„Ja, ansonsten weiß ich nie, ob jemand einfach hineinkommt.“*
Vater: *„Hast du Angst, dass du geschlagen wirst, und deshalb möchtest du dein Zimmer abschließen können?“*
Emma weint: *„Die sind immer so gemein zu mir. Die nehmen mir immer alles weg und sagen zu mir, ich sei ein Baby, wenn ich weine.“*
Vater: *„Bist du traurig und aufgeregt, weil du dir einen freundlichen Umgang wünschst?“*
Emma: *„Die nehmen es mir dann ja doch einfach weg.“*
Vater: *„Ich kann mir vorstellen, dass eine Menge aufgewühlter Gefühle in dir sind, wenn das passiert. Ich stelle mir vor, dass du enttäuscht bist, weil du möchtest, dass sie dich fragen, und du die Freiheit haben willst, Ja zu sagen?“*
Emma: *„Darf ich ja eh nicht.“*
Vater: *„Bist du dann hilflos und schlägst, weil du möchtest, dass sie merken, wie weh dir tut, was sie tun?“*
Emma: *„Ja, ich wünschte, ich könnte ihnen noch mehr weh tun.“*

Vater: *„Ich vermute, du hoffst, dass sie dich dann wahrnehmen können?“*
Emma nickt.
Vater: *„Und dann rennst du in dein Zimmer und schließt ab, weil du dich dann sicherer fühlst, vor dem, was sonst noch passieren könnte?“*
Emma weint.
Vater: *„Bist du traurig, weil du möchtest, das die anderen dich und dein Nein respektieren?“*
Emma weint und lässt sich auf Vaters Schoß umarmen.
Vater: *„Ich wüsste gern, ob du bereit bist, ihnen zu sagen, was dir wichtig ist.“*
Emma mit fester Stimme: *„Ich werde es ihnen sagen. Kannst du mir helfen?“*
Vater: *„Ich bin gern bereit, dich zu unterstützen.“*

Nach dem Gespräch mit den Geschwistern findet das folgende Gespräch statt:
Vater: *„Mir ist wichtig, dass wir uns vertrauen können. Offene Türen sind für mich ein Symbol für Zusammengehörigkeit. Bei meinem Cousin hat jedes Kind einen Schlüssel für sein Zimmer. Wenn ich dort bin, habe ich den Eindruck, ich lebe in einem Hotel. So stelle ich mir Familienleben nicht vor. Wie kannst du dich sicher fühlen und ich gleichzeitig Zusammengehörigkeit in unserer Familie erleben?“*
Emma: *„Wie wäre es, wenn ihr anklopft, bevor ihr in mein Zimmer kommt? Außerdem brauche ich eine abschließbare Kiste für meine Privatsachen, die sich niemand anschauen darf.“*
Vater zu den Geschwistern: *„Seid ihr einverstanden? Das mit der Kiste kann ich organisieren.“*

In dieser Familie entwickelte sich seit diesem Gespräch eine Kultur des Anklopfens, was zuvor nicht gelebt wurde.

Wenn Eltern ihre Werte an ihre Kinder weitergeben wollen, dann tun sie es durch Informationen, aber noch mehr durch ihr eigenes Vorleben. Dies sollten sie sich bewusst machen, um sich später nicht zu wundern, wieso die eigenen Kinder schlagen oder in der Nase „popeln“.

1.3.1.16 Wertekonflikte

Zur Erinnerung: Alle Menschen haben Bedürfnisse. Jeder Mensch kann nur selbst wissen, ob seine Bedürfnisse gestillt oder ungestillt sind. Das merkt er an der Art seiner Gefühle.

Menschen wählen Werte, um Gemeinschaft zu gestalten. Es ist kein einzelner Mensch, sondern eine Gruppe von Menschen, die beurteilt, welche Werte sie wählt und ob ihre Werte zufriedenstellend gelebt werden.

Jede Familie hat ihre individuelle Prägung. Durch die Kinder kann es zu einer Veränderung kommen. Diese Veränderung kann von den Eltern so weit mitgelebt werden, wie diese sich in ihrer Familie noch zu Hause fühlen. Ist die Veränderung, die Kinder mitbringen, so groß, dass Eltern keinen Raum mehr finden für all das, was ihnen wichtig ist, dann können weder die minderjährigen Kinder noch die Eltern aus ihrer Familie ausziehen, weil Kinder die Eltern einfach brauchen. Das unterscheidet die Familie von einer Wohngemeinschaft oder einem Verein.

In den folgenden Beispielen möchte ich aufzeigen, wie Eltern ihre Werte einladend weitergeben können und die Wahrscheinlichkeit steigt, dass Kinder sie als ihre eigenen Werte übernehmen wollen. Sie tun das nicht mehr, weil sie dazu gezwungen werden, sondern weil sie freiwillig ihren Wert wählen.

Abgesehen davon, dass die meisten Werte durch das elterliche Vorbild vermittelt werden, sprechen Eltern auch von ihren Werten. Vielen Eltern ist es wichtig, Kindern zu vermitteln, dass sie die Wahrheit sagen. Wenn die Eltern ihre Kinder beim Lügen ertappen, fragen sie sich, wie sie mit dieser Situation am besten umgehen. Das Kind mit der Lüge zu konfrontieren oder vor anderen Menschen bloßzustellen, gehört zu den schlechtesten aller Möglichkeiten. Hier möchte ich andere Reaktionen beschreiben, die dem Kind helfen, selbst Ehrlichkeit zu wählen, statt aus Angst vor negativen Reaktionen nicht mehr zu lügen.

1.3.1.17 Beim Lügen ertappt

Mein Kind lügt offensichtlich, aber es bestreitet dies und sagt, es spreche die Wahrheit. – Wenn mein Kind lügt, gehe ich davon aus, dass dies die beste ihm mögliche Reaktion ist. Mich interessiert heute, was das Kind daran hindert, die Wahrheit zu sagen.

Ursprünglich hat meine Erziehung mich gelehrt, so etwas sofort zu klären. Es ist für mich als Mutter peinlich, wenn mein Kind lügt, insbesondere wenn es andere mitbekommen. Aus diesem Grund konfrontierte ich früher das Kind und sagte: „Lügen haben kurze Beine, sag sofort die Wahrheit.“ Ich drohte, ich schimpfte und versuchte verzweifelt, ein „anständiges Kind“ zu erziehen.

Ich kann erahnen, wie sich mein Kind dabei fühlte. Vielleicht so, wie eine meiner Patientinnen, die mir folgende Geschichte aus ihrer Kindheit erzählte, als sie sechs Jahre alt war:

„Meine Mutter hatte mich ertappt, als ich ein Spielzeug mitgenommen hatte von meiner Freundin. Ich wollte es unbedingt haben. Sie entdeckte das Spielzeug, schimpfte mit mir, und meine schon vorhandenen Schuldgefühle wurden noch größer. Sie verlangte von mir, dass ich das Teil beim Nachbarkind zurückgebe und mich entschuldige. Höllenqualen durchlitt ich, weil ich mich so schrecklich schämte. Ich wäre auf der Stelle lieber tot umgefallen, als diesen Weg allein laufen zu müssen. Diese Schmach kann ich noch heute fühlen.“

Diese Geschichte erzählte die Frau, als sie sich wegen ihrer Angstzustände bei der Arbeit behandeln lassen wollte. Sie hatte ständig den Eindruck, man könne ihr nachsagen, sie würde ungenau arbeiten und nur faulenzen. Deshalb war sie bei der Arbeit unsicher und befand sich in ständigem Stress. Jede Ermutigung von Kollegen vertiefte in ihr dieses unsichere Gefühl, als hätten die anderen nur noch nicht entdeckt, was sie alles falsch mache. Dieses Gefühl, das sie bei der Arbeit ständig begleitete und behinderte, entsprach genau dem Gefühl ihrer Kindheitserinnerung.

Wenn ich als Therapeutin jetzt diese Zusammenhänge wahrnehme, dann wünsche ich, dieses Kind hätte damals mehr Einfühlung bekommen. Die „gute" Absicht ihrer Mutter ist in Erfüllung gegangen: Heute ist die Patientin so übergewissenhaft, dass sie daran erkrankt.

Einfühlung damals hätte sich so anhören können: *„Oh, das Spielzeug, das gehört doch der Lisa. Gerade hat Lisas Mutter angerufen und gefragt, ob es vielleicht bei uns ist. Das Spielzeug ist so schön, am liebsten hättest du auch so eines. Schade, dass du ein solches Spielzeug nicht besitzt. Jetzt bringst du es gleich zurück. Ach, du willst nicht. Fällt es dir schwer hinüberzugehen, weil es dir peinlich ist, dass du es mitgenommen hast? Fürchtest du, sie könnten Dieb zu dir sagen? Spielzeug kannst du mitnehmen, wenn du gefragt hast. Hattest du Angst, sie würden Nein sagen, und wolltest du es auf jeden Fall haben? Aber komm, wir können das in Ordnung bringen. Möchtest du, dass ich dich begleite? Ach, du möchtest auch, dass ich rede, dann ist es dir aber wirklich sehr unangenehm. Komm, ich helfe dir, denn es ist wichtig, das wieder in Ordnung zu bringen. Mir ist wichtig, dass Lisa, ihre Mutter und wir gute Freunde bleiben und wir uns gegenseitig vertrauen können."*

Ich bin sicher, dass das Kind auf diesem Weg hätte lernen können, was der Mutter wichtig ist: Diebstahl darf nicht sein. Gleichzeitig hätte es seine Würde behalten. Die Mutter hätte dem Kind aber auch das Gefühl vermittelt, ich stehe zu dir, auch wenn ich mit deinem Verhalten nicht einverstanden bin. Dieser einfühlende Umgang erhöht die Wahrscheinlichkeit, dass das Kind zukünftig fragt, wenn es Spielzeug mitnehmen möchte.

Meine vierjährige Tochter hält ihre Hände dicht an den Pullover gepresst. Ihre Freundin weint verzweifelt, meine Tochter solle die zwei Papierchen wiedergeben. Es sind zwei Bildchen aus einer Schokoladenverpackung. Meine Tochter sagt, sie habe die Papiere nicht, und auf unsere Bitte, doch mal zu zeigen, was sie unter ihrem Pullover hat, sagt sie: „Nichts". Ich hätte die Möglichkeit, mit meiner Kraft die Hände wegzureißen, aber ich achte ihre Entscheidung, sich nicht zeigen zu wollen. Vielleicht hat sie sich schon zu sehr hineingeredet in ihre Behauptung, dass sie nichts habe. Die Entdeckung, dass sie doch die Papierchen hat, würde einen Gesichtsverlust bedeuten, den sie im Augenblick vermeiden möchte.

Wie oft sehe ich Szenen zwischen Kindern oder zwischen Kind und Erwachsenem, wo der eine, der „Recht hat", den anderen schubst, an ihm zerrt, damit das Unrecht zutage kommt. Das Recht ist hergestellt, aber Schlagen und Gewalt sind keine legitimen Mittel, um die Wahrheit zu finden.

Aus diesem Grund sage ich zu meiner Tochter: *„In Ordnung, du möchtest nicht zeigen, was unter dem Pullover ist. Ich sehe, wie traurig Sara ist, weil sie ihre Papierchen wiederhaben möchte."*

Meine Tochter antwortet erneut: *„Ich habe sie nicht."*

Noch hilflos wende ich mich der Freundin zu und sage: *„Na, dann können wir nichts machen, Sara, die Papierchen sind nicht aufzufinden."*

Am Abend liegen die Papierchen im Bett meiner Tochter. *„Das sind meine!"*, sagt sie mir. Ich bin erstaunt: *„Ach, sind das die Papierchen, die Sara heute haben wollte?" „Es sind meine"*, antwortet meine Tochter.

Auch an dieser Stelle fällt es mir schwer, nicht in eine Moralpredigt zu verfallen, ich höre ihr noch zu, wie wichtig ihr diese Papierchen sind.

Geklärt ist noch gar nichts. Wie immer vor dem Schlafengehen erzähle ich meiner Tochter eine frei erfundene Geschichte nach dem Vorbild von Doris Brett. In so einer Geschichte kann sich das Kind mit dem Held identifizieren, der immer eine gute Lösung findet. Bei uns war in dieser Zeit die Hauptperson der Geschichte eine Maus, die sehr schlau und wendig ist und von allen Tieren der Stadt geliebt wird.

Die Geschichte: Ein Papagei lebt in einem schönen Haus und hat dort einen Käfig, den er jederzeit verlassen kann. Die sprechende Maus lebt auch in diesem Zimmer und hat es sich in einer Höhle unter dem Bett gemütlich eingerichtet. Dort hat sie in der letzten Zeit viele Bilder gemalt, auf die sie sehr stolz ist. Sie zeigt dem Papagei die Bilder, weil er ihr Freund ist. Auf einmal nimmt der Papagei ein Bild und fliegt damit auf die Gardinenstange. „Gib mir mein Bild sofort wieder!", ruft die Maus, aber der Papagei sitzt da oben und antwortet: „Komm doch hoch, wenn du es haben willst." Die Maus ist ärgerlich, schimpft, dann bettelt sie, doch der Papagei gibt es nicht mehr her. Am Abend, als der Papagei gerade in seinem Käfig einschlafen will, sagte die Maus zu ihm: „Du hast mein Bild auf die Gardinenstange gelegt, dorthin, wo ich nicht hinkomme, ich bin traurig, weil ich es so gern bei mir haben möchte."

An dieser Stelle fing meine Tochter an, mich zu fragen: *„Meinst du, Sara ist noch meine Freundin, wenn ich die Bildchen mitgenommen habe?" – „Hast du Angst, Sara will nicht mehr deine Freundin sein, weil du ihre Bildchen genommen hast?"* Meine Tochter nickte still. *„War das auch der Grund, warum du sie heute Nachmittag nicht hergeben wolltest?"*, fragte ich und meine Tochter nickte wieder. *„Du meinst, Sara mag nicht mehr mit dir spielen, wenn sie tatsächlich entdeckt hat, dass du sie genommen hast?"* Wieder ein Nicken und ich hörte fast ihr Nachdenken. Ich fragte weiter: *„Willst du ihre Freundin sein? Was könnte Sara denn helfen?"* Meine Tochter zieht ratlos die Schultern hoch. *„Darf ich dir einen Vorschlag machen?" – „Ja"*, nickt meine Tochter. *„Vielleicht kannst du die Bildchen Sara morgen zurückgeben. Meinst du, du schaffst es?"*

Da meine Tochter nickte, ließ ich es dabei beruhen und erzählte ihr die Geschichte von Papagei und Maus zu Ende, in der die Maus das Bild zurückbekommt, weil es der Papagei bedauert, dass er es genommen hat. Er will das Bild so gern haben. Da schenkt die Maus ihm das Bild und die beiden bleiben ganz dicke Freunde.

Wie meine Tochter im Kindergarten mit ihrer Freundin gesprochen hat, kann ich nicht sagen, aber sie hat ihr die Bildchen zurückgegeben und sie sagte mir, sie hätten die ganze Zeit im Kindergarten zusammen gespielt.

Der Mensch (auch das Kind), der die Lüge als Weg wählt, wird unter Druck und Beschimpfung vielleicht die Wahrheit sagen. Eine wirkliche Umkehr kann nur geschehen, wenn sich ihm ein Raum öffnet, in dem er willkommen ist, oder sich ihm ein Teppich ausbreitet, sodass „der Lügner" sein Gesicht wahren kann. Je mehr ein Mensch „die Lüge" wiederholt hat, umso schwieriger wird es, freiwillig zur Wahrheit zu stehen.

1.3.1.18 Ehrlichkeit

Kinder können selber erkennen, was ihnen wichtig ist, ohne dass sie hören, wie sie „richtig" sein sollen. Der freie Wille des Kindes, es selbst so zu wollen und zu übernehmen, zeigt sich im folgenden Beispiel:
Friedericke (neun Jahre) während einer Autofahrt: *„Wenn ein anderes Auto an deinem Auto bei einem Unfall einen Kratzer macht, dann muss die Versicherung des anderen Autos bezahlen."*
Mutter: *„Ja."*
Friedericke: *„Wenn dann schon ein Kratzer vorher war, muss der dann auch von der Versicherung bezahlt werden?"*
Mutter: *„Sie reparieren ihn dann mit."*
Friedericke: *„Muss man ihnen sagen, dass er schon vorher da war?"*
Mutter: *„Das wäre die Wahrheit."*
Friedericke: *„Also du sagst es nicht, weil sie es besser nicht wissen sollen. Sagst du eigentlich immer die Wahrheit?"*
Mutter: *„Manchmal bin ich versucht, die Wahrheit nicht zu sagen. Als damals die Scheibe von meinem Laptop zerbrach, weil ich über das Kabel stolperte, wollte ich erst meinen Nachbarn fragen, ob er seiner Versicherung sagt, er sei darüber gestolpert, dann hätte seine Versicherung mir eine neue Scheibe gekauft. Da war für mich die Versuchung groß, die*

Unwahrheit zu sagen. Doch dann habe ich mich entschieden, bei der Wahrheit zu bleiben, weil ich auch möchte, dass mit mir ehrlich umgegangen wird.“
Friedericke: *„Die Versicherung hätte einen Schaden bezahlt, du hättest einen Vorteil gehabt und die Versicherung wäre benachteiligt gewesen.“*
Mutter: *„Ich möchte auch nicht benachteiligt werden.“*
Friedericke: *„Manchmal ist es schwer, die Wahrheit zu sagen, aber es ist richtig, weil sonst der andere einen Nachteil hat. Ich will auch die Wahrheit sagen.“*

1.3.2.19 Respekt

Auf folgende Weise kann z.B. der Wert „Respekt“ einem Kind vorgelebt werden: Das Kind beobachtet, dass der Vater respektvoll mit der Schwester redet, die in ihrer Wut gerade das Wort zum Vater gesagt hat, welches mit „A“ anfängt. Damit bringt sie ihre Wut in einer Weise zum Ausdruck, wie es in ihrem Freundeskreis üblich ist. – Wenn der Vater dieses Wort hört, fühlt er sich unwohl, weil es mit seinen Vorstellungen von einem respektvollen Umgang zwischen Kindern und Eltern nicht zu vereinbaren ist:
Vater: *„Bist du wütend, weil du meinst, ich könne eine Ausnahme machen und dich bis 23 Uhr ins Kino lassen? – Deine Wut ist in Ordnung, doch ich habe das Wort mit „A“ über meine Person gehört. Das käst mich total an, denn Respekt ist mir wichtig, und ich bitte dich, deine Wut so auszudrücken, dass sie sozialverträglich bleibt! Du kannst von mir aus schreien: ‚Ich bin total sauer, weil ich selber über mein Leben bestimmen möchte.‘ Ist es das, was du meinst?“*

Hier drückt der Vater aus, dass zu seinen Vorstellungen eines respektvollen Umgangs in Konflikten das Wort mit „A“ nicht dazugehört. Wenn der Vater das Wort mit „A“ dauerhaft überhören würde, würde er entweder vermitteln, dass das Wort mit A für ihn mit respektvollem Umgang vereinbar oder dass Respekt ihm nicht wichtig wäre.

Wenn das Kind weiter das Wort mit „A“ sagt, kann der Vater es letztlich nicht daran hindern. Das Kind braucht viele Stunden Einfühlung, vielleicht kann es aus der Verbindung zum Vater andere Wege finden, um seiner Wut Ausdruck zu geben, und gleichzeitig den Vater beschenken, indem es Respekt so zeigt, wie es dem Vater gefällt.

Meine Tochter brauchte etwa zwei Jahre, bis sie heute in Wut in meiner Gegenwart auf das Wort mit „A“ verzichtet. Ich freue mich, dass sie meine Art, Respekt zu zeigen, übernommen hat. Ich habe sie gefragt, ob sie darauf verzichtet, weil sie sich gezwungen sieht oder weil sie weiß, dass es mir wichtig ist. Sie bestätigte mir Letzteres.

1.3.2 Ein Messinstrument für Werte

···> *1.3.2.1 Scham*

Die Konsequenz beim Übertreten einer körperlichen Grenze ist **Schmerz.** Der körperliche Schmerz will dem Menschen helfen, seinen Körper zu schützen. Im Fall der heißen Herdplatte will der Schmerz den Menschen dazu bewegen, dass er die Hand zurückzieht.

So wie es körperlichen Schmerz gibt, der dem Körper zum Schutz eine Grenzüberschreitung anzeigt, kann der Mensch erkennen, wenn eine soziale Regel von ihm überschritten wird. Zugehörigkeit zu einer Gruppe ist ein lebensnotwendiges Bedürfnis. Wenn jemand seine **Zugehörigkeit** zu einer sozialen Gruppe durch nicht toleriertes Verhalten gefährdet, entsteht ein **„sozialer" Schmerz** in Form von Scham oder Schuldgefühlen. Diese Gefühle können im Körper, z.B. im Brustkorb, Rumpf oder Hals gefühlt werden.

Werden Regeln der Gruppe, zu der ein Mensch gehören möchte, versehentlich von ihm überschritten, entsteht im Moment der Bewusstwerdung im Körper fühlbar Scham.

Scham hilft dem Menschen, seine eigenen Werte und die seiner Gemeinschaft einzuhalten. Er erfüllt sich hiermit sein Bedürfnis nach Geborgenheit. – Scham erinnert den Menschen daran, sich mit seinen Bedürfnissen zu verbinden, um neu zu wählen, ob er diesen gerade verletzten Wert, den er bewusst oder unbewusst übernommen hatte, so einhalten oder verlassen möchte. Scham dient dem Menschen dazu, sich und die Gemeinschaft zu schützen. Allein lebend ist ein Mensch in der Regel nicht überlebensfähig.

Scham und FKK

Ich erinnere mich an eine Situation in meinem Leben, in der ich mich richtig geschämt habe: In meiner Studentenzeit bin ich auf einem Fährschiff den Nil aufwärts gefahren. Oben auf dem Deck standen viele Araber. Während ich die Leiter hinaufkletterte, hob der Wind mein weites Kleid in die Höhe und zog die gesamte Aufmerksamkeit der Männerwelt auf mich. Die Männer hatten für einen kurzen Moment einen „freien" Blick ... und sie kommentierten dies mit lautem Raunen. Schnell kletterte ich die Leiter wieder hinunter und ließ mich ein paar Stunden nicht mehr in der Öffentlichkeit sehen.

In meiner eigenen europäischen Kultur habe ich keine Probleme, mich an einem FKK-Strand unbedeckt aufzuhalten. Mir ist jedoch bekannt, dass in der arabischen Welt der Wert Intimität auf diese Weise gelebt wird, dass Frauen sich bis auf ihre Knöchel mit Kleidung bedecken. Als Gast in dieser fremden Kultur möchte ich die dortige Art und Weise, den Wert Intimität zu leben, respektieren, indem ich deren Verhaltensweisen selber lebe. Aus diesem Grund habe ich mich entschieden, Situationen wie die obige zu meiden und die dortige Kleiderordnung einzuhalten, weil diese Kultur so Achtung und Respekt erfährt. In meiner Kultur kann ich mit Freude in bestimmten Situationen unbedeckt herumlaufen und auch auf diesem Weg Achtung und Respekt zeigen. – Scham entstand in mir, weil mir Achtung und Respekt wichtig waren und sind und ich diese Werte versehentlich verletzte.

Mütter von Kindern in der Pubertät wundern sich manchmal, welchen Kleiderordnungen sich ihre Mädchen unterwerfen und wie der Wasserverbrauch für die Körperkultur ihrer Jungen steigt. Dies geschieht alles, um Anerkennung zu finden von der Gruppe, der sie sich zugehörig fühlen. Mit diesen Anstrengungen können sie Scham vermeiden.

Es wird deutlich, dass Verhaltensweisen an sich nicht „richtig" oder „falsch" sind, sondern dass es auf den sozialen Kontext ankommt. Es bleibt immer eine Wahl, und die Fähigkeit Scham zu empfinden, ist eine natürliche körperliche Hilfe, um diese Wahl zu treffen.

1.3.2.2 Schuld

Werden Regeln mit Wissen und Willen überschritten und entsteht daraus Schaden für einen anderen Menschen, wird dies Schuld genannt. Von Schuld kann nur gesprochen werden, wenn es Recht und Unrecht gibt. Zum Beispiel ist in einer Gesellschaft, in der Eigentum respektiert wird, das Fahren eines fremden Autos ohne Erlaubnis des Eigentümers ein Unrecht und wird Diebstahl genannt.

Von Fahrlässigkeit wird gesprochen, wenn ein Mensch hätte wissen müssen, dass sein Handeln einen Schaden bewirkt. Dies wäre zum Beispiel der Fall, wenn ein Autofahrer in einer Rechtskurve überholen würde. Die Fahrlässigkeit ist als leicht einzuschätzen, wenn er nicht an die Folgen gedacht hätte – und als grob, wenn er zwar dran gedacht, aber gehofft hätte, es würde schon irgendwie gut ausgehen.

Für Schuld gibt es Ursachenketten. Der Mensch kann nur Verantwortung für Handlungen übernehmen, die er mit Willen und Vorsatz getan hat. Der Verkäufer eines Küchenmessers ist nicht schuld an einem Mord, der mit diesem Messer begangen wird. Für die persönliche Schuld beginnt die Ursachenkette in der Person, die mit ihrem Willen und mit Vorsatz handelt.

Die Vorstellung, es müsse immer jemand geben, der Schuld hat an einem beliebigen Unglück, führte im Mittelalter dazu, dass Frauen als Hexen verbrannt wurden, weil diese jemand angeguckt hatten, der danach krank im Bett lag.

Kinder können zunächst keine Kausalketten überblicken. Erst durch angstfreies Experimentieren erlernen sie die Fähigkeit, die Folgen ihres Handelns zu überblicken.

Eltern haben die Aufgabe, dem Kind Verständnis für Kausalketten zu vermitteln. Das Kind hat zunächst ein magisches Denken und glaubt, alles was passiert, geschieht, weil es selbst Ursache für diese Bewegung ist. Kinder glauben tatsächlich, wenn die Eltern sich streiten, wenn es draußen regnet oder wenn Oma krank ist, seien sie der Grund dafür. Um dieses Denken zu verändern, das im Mittelalter auch noch für erwachsene Menschen vorherrschend war, braucht das Kind erklärende Rückmeldungen der Eltern. Das Kind ist nicht die Ursache für einen Streit der Eltern: *„Mama und Papa streiten sich, wir schreien, weil wir den anderen lautstark überzeugen wollen. Wir streiten und das ist in Ordnung. Du kennst das auch, manchmal streitest du mit deinem Freund. Das hier ist unser Streit und mit dem hast du nichts zu tun. Wir werden uns auch wieder versöhnen und das lassen wir dich wissen. Geh so lange spielen, wir sagen dir, wenn unser Streit zu Ende ist. Erschreckt es dich, wenn wir so laut streiten?"*

Kinder lernen im Laufe ihrer Kindheit eine Ursache und ihre Wirkung in Vergangenheit, Gegenwart und Zukunft zu verknüpfen.

⇢ 1.3.2.3 Schuldgefühle

Es ist hilfreich, Schuld von Schuldgefühlen zu unterscheiden. **Wenn uns bewusst wird, dass wir anderen Menschen durch unser Handeln Schaden zugefügt haben, nehmen wir das körperlich als Schuldgefühl wahr.**

Schuldgefühle bekäme der Autodieb, wenn er wahrnehmen könnte, welchen Schaden er durch sein Handeln beim Geschädigten angerichtet hat. Solange der Dieb in sich die Überzeugung trägt, dass er recht tat, als er das Auto nahm, weil der Geschädigte ja genug Geld habe, um sich ein neues Auto zu kaufen, wird er sein Handeln gutheißen.

Dies könnte sich ändern, wenn er die Gelegenheit hätte, sein Handeln anders wahrzunehmen. Zum Beispiel könnte er am Stammtisch von einem Freund hören, dass sein geliebter Schwiegervater mit einem Herzinfarkt im Krankenhaus liegt. Der Schwiegervater hatte sich erschrocken, als ihm heute sein Auto geklaut wurde, welches er sich mühsam erspart hatte. Durch diese Erzählung könnte der Dieb den Bestohlenen als Mensch wahrnehmen, der Ängste und Enttäuschung durchlebt. Und das würde seine Einstellung zu seiner Tat möglicherweise verändern.

Aus diesem Grund werden jugendliche Straftäter im Täter-Opferausgleich mit ihrem Opfer zusammengeführt. Wenn sie den Schaden wahrnehmen, den das Opfer durchlitten hat, kann es vorkommen, dass der Täter erkennt, welche Konsequenzen seine Tat hatte. Und dann kann er dies eher bedauern, als wenn er bestraft werden würde.

Wie Menschen mit ihren Schuldgefühlen umgehen, hängt davon ab, wie es ihnen gelehrt wurde.

Viele Menschen haben durch Bestrafungen gelernt, sich aufgrund von Schuldgefühlen zu verurteilen. Diese Reaktion ist aber nicht zwingend, sie hätten auch lernen kön-

nen, ihre Aufmerksamkeit auf Schadensersatz und Wiedergutmachung zu lenken. Damit würden sie ein friedliches Zusammenleben zwischen den Menschen fördern. In diesem Sinne könnte auch der Dieb das gestohlene Auto zurückbringen.

Kinder brauchen die Anleitung der Eltern, um rationale von irrationalen Schuldgefühlen zu unterscheiden.

Rationale Schuldgefühle entstehen, wenn durch bewusste Absicht und Handeln ein Schaden entstanden ist. Folgende Situationen könnten Ursache von rationalen Schuldgefühlen sein:

- Ein Glas zerbrach, das vor Wut an die Wand geworfen wurde.
- Ein 17-Jähriger hat Vaters Auto genommen und eine dicke Beule darangefahren.
- Kinder spielten trotz Verbot auf dem Hof Fußball, wobei die Scheibe einer Glasveranda zersprang.
- Eine Mutter sagte ihrem Kind, es sei „der schlimmste Mensch auf Erden" oder schlug es.

Irrational sind Schuldgefühle, wenn ein Mensch meint, er sei schuld an etwas, was gar nicht in seinem Verantwortungsbereich liegt. Folgende Situationen führen manchmal zu irrationalen Schuldgefühlen:

- Andere Menschen zeigten negative Gefühle als Reaktion auf ein „Nein" von mir.
- Das eigene Kind verhält sich aggressiv.
- Eine Fehlgeburt trat ein.

Rationale Schuldgefühle helfen uns, einen Schaden zu ersetzen oder wiedergutzumachen.

Irrationale Schuldgefühle entstehen, wenn es Eltern nicht gelungen ist, das Kind aus seinem magischen Denken zu befreien. Sie lassen das Kind glauben, sein Handeln sei Ursache für einen Schaden. Das Kind lernt, Schuldgefühle in Situationen zu entwickeln, in welchen es objektiv keine Schuld hat: Es fühlt sich schuldig, wenn die Eltern sich streiten, wenn es draußen regnet oder der Freund nicht zu Besuch kommt.

Einem Kind, dessen Mutter chronisch erkrankt ist und das hört, dass es jetzt im Haushalt helfen solle, weil die Mutter so krank sei, kann Schuldgefühle entwickeln, wenn es mal keine Lust zum Helfen hat. Es könnte denken, dass es einen magischen Zusammenhang zwischen seiner Hilfe und dem Gesundheitszustand der Mutter gibt. Deshalb könnte es denken, dass Mutter sich erholen würde, wenn es Aufgaben im Haushalt übernimmt. Hier gilt es die Kausalkette zu kappen: *„Bist du traurig, weil du möchtest, dass Mutter wieder gesund ist? Wenn du mir im Haushalt hilfst freue ich mich, weil* *mich das entlastet, aber wenn du jetzt keine Lust hast, dann ist das auch in Ordnung. Jeder Mensch hat mal keine Lust und wenn du jetzt deiner Lust nachgibst, ist das für mich auch in Ordnung. Meine Krankheit wird nicht schlimmer, wenn du nicht helfen möchtest. Keine Schuldgefühle, einverstanden? Für meine Krankheit trägst du keine Verantwortung. Wie geht es dir damit?"*

Körperliche Schuldgefühle und Scham entstehen durch Erkenntnisse des Geistes. Die Gehirnforschung kennt die Gehirnareale, die bei Schuld- und Schamgefühlen aktiviert werden. Diese liegen hinter unserer Stirn, dort wo unsere Denk- und Beurteilungsprozesse stattfinden. Dort haben wir das Bewusstsein über unsere Werte.

Scham- und Schuldgefühle sind ein natürliches Feedbacksystem, ohne das der Mensch keine sozialen Fähigkeiten entwickeln könnte. Wir würden schlichtweg gar nicht merken, dass wir etwas verletzen, das uns wertvoll und wichtig ist. Es ist ein Messinstrument für unsere sozialen Werte, mit dessen Hilfe wir uns wieder erneut ausrichten können.

Vom Umgang mit Scham- und Schuldgefühlen

Leider hat unsere Erziehung in den meisten Fällen nicht dazu beigetragen, dass wir Scham- oder Schuldbewusstsein als Hilfe sehen können. Wir haben häufig erlebt, dass Scham und Schuldgefühle missbraucht wurden, um Menschen zu kontrollieren. Und wir haben gelernt, andere oder uns selber aufgrund dieser Gefühle zu verurteilen.

Im obigen Beispiel wird der Autodieb wahrscheinlich gefasst und bestraft. Die Strafe soll beim Dieb Schmerzen verursachen, in der Hoffnung, dass er Schuldgefühle entwickeln und Reue zeigen wird. – Leider wird diese Maßnahme eher seinen Hass auf den Strafenden stärken und ihn selbst ermutigen, in Zukunft einen weiteren Diebstahl besser vorzubereiten, damit er nicht erwischt wird. Gleichzeitig wird im heutigen Strafrecht Strafe in dem Sinn verstanden, dass ein Unwerturteil über diesen Menschen ausgesprochen wird. Diese Maßnahme wird noch weniger dazu führen, dass der Täter die Bereitschaft zeigen wird zu fühlen, wie es einem Opfer geht. Der Täter wird sich zunehmend selber als Opfer fühlen.

Diese im Strafrecht verankerten Logiken werden in der bisherigen Erziehung ähnlich angewendet.

Schuldgefühle werden von Eltern beim Kind gerade dann bewusst erzeugt, wenn die Eltern selbst wütend sind. In ihrer Wut können die Eltern eine innere Rachehaltung haben. Das innere und manchmal auch äußere Gespräch der Eltern hört sich dann folgendermaßen an: *„Das hast du getan und wenn du nicht da wärst, dann ginge es mir jetzt besser. Es geschieht dir gerade recht, wenn du jetzt glaubst, du hast Schuld an meinem Ärger. Und das sollst du ruhig ein bisschen spüren, es soll dir schlecht gehen. Wieso hast du das auch getan!"*

Indem Eltern das Kind für ihre negativen Gefühle verantwortlich machen, entstehen beim Kind irrationale Schuldgefühle. Die Eltern tun das, weil sie selbst nie gelernt haben, die Verantwortung für ihre Gefühle und Bedürfnisse zu übernehmen. Sie geben anderen Menschen und Umständen die Schuld für ihre Befindlichkeit. Während Erwachsene sich wehren können, saugen Kinder diese Botschaften wie ein Schwamm auf und fühlen sich schuldig.

Persönlich habe ich mehrere Jahre daran gearbeitet, meinen Racheimpulsen keinen Raum mehr zu geben. Dies ist mir durch Gespräche mit anderen Eltern, Selbsteinfühlung, therapeutische Gespräche und auch mit Hilfe einer Selbsthilfemethode, die unter dem Namen EFT (www.emofree.de) bekannt ist, gelungen. Heute kann ich sagen, dass ich im Ärger frei von Racheimpulsen bin. Langsam bin ich dadurch zu einem erwachsenen Menschen gereift, der in emotional angespannten Situationen eigene Reaktionen wählen kann, statt emotional zu reagieren ohne zu denken.

Leas Vater und die Rache
Leas Vater bittet seine Tochter um Hilfe und sie lehnt ab. Später möchte Lea Gummibärchen. Der Vater antwortet, jetzt habe er auch keine Lust, etwas für sie zu tun. Im Elterntraining stellt der Vater die Frage, ob seine Antwort Rache oder Konsequenz sei.

Die Gummibärchen stehen nicht im Zusammenhang mit Unterstützung im Haushalt. Der Vater, der seiner Tochter keine Gummibärchen geben möchte, weil er wegen der mangelnden Mithilfe noch enttäuscht ist, möchte, dass die Tochter dies spürt nach dem Motto: „Wie du mir, so ich dir.“ Dies ist Rache. Rache wenden wir Menschen an, damit der Täter merkt, dass wir durch ihn verletzt sind. Wir glauben, der andere könne unseren Schmerz wahrnehmen, wenn auch wir ihm wehtun. Der Vater möchte Lea die Gummibärchen nicht geben, weil er die Chance sieht, dass sie Folgendes lernt: „Ich hätte vorhin Papa helfen sollen, denn es ging ihm so, wie es mir jetzt geht, nämlich schlecht.“ Leider ging diese Logik, sich gegenseitig Schmerzen zuzufügen, noch nie auf. Lea wird Wut auf den Vater entwickeln, der so gemein ist, ihr das nicht zu geben, was er sich selbst nehmen kann. Sie wird lernen, dass der Mensch, der sich Gemeinheiten ausdenkt, zum Ziel gelangt.

Der Vater braucht Unterstützung im Haushalt. Um diese zu bekommen, tut er seiner Tochter weh. Er würde die Unterstützung viel eher bekommen, wenn er den Mut entwickeln würde, auf Rache zu verzichten und die Kraft fände zu verstehen, was Lea bewegt: *„Du fragst nach Gummibärchen, hier hast du welche. Ich schenke sie dir gern. Als ich dich vorhin fragte, ob du mir hilfst, hast du Nein gesagt. Bist du bereit, mir zu erzählen, was dich davon abgehalten hat? Ich würde es gern verstehen.“*

Von klein auf wird Kindern beigebracht, dass ein schuldiger Mensch ein schlechter Mensch ist. Schuldige Kinder wurden früher in die Ecke gestellt und heute werden sie auf einen stillen Stuhl gesetzt.

Beschämung ist seelisch schmerzhaft und weil gerade ein kleines Kind wieder in die Gemeinschaft zurück will, wird es aus Angst vor der Zurückweisung vieles tun, das von ihm verlangt wird.

Kinder beschämen sich auch untereinander, sie lernen schnell von ihren Eltern. So lachen Kinder ein anderes aus, wenn das Kleidungsstück nicht der Mode entspricht oder jemand ein Wort ungewöhnlich ausspricht. Jedes Kind hofft, selbst nicht Opfer der Beschämung zu werden. Viele Kinder legen besonders im Alter von neun Jahren bis Ende der Pubertät sehr viel Wert auf Äußeres, wie z.B. die richtige Verpackung des Geburtstagsgeschenks oder dass die Eltern nicht negativ auffallen. In diesem Alter entwickelt das Kind ein Bewusstsein, wie es von anderen Menschen wahrgenommen wird, und gleichzeitig ist sein eigenes Selbstbewusstsein noch sehr labil.

Schuldgefühle haben auch eine positive Absicht: Sie können das Kind veranlassen, den Schaden wiedergutzumachen. Es übernimmt dann Verantwortung für die Folgen seines Handelns. Die Bestrafung jedoch blockiert diesen Prozess.

In einer Atmosphäre ohne Angst vor Strafe könnte ein Kind, wenn ein Glas zerbricht, die Scherben auffegen. Gleichzeitig kann es seinen Selbstwert daran knüpfen, dass es liebenswert ist, egal welche Katastrophen sein Handeln bewirkt. Dies geschieht durch die ermutigende Begleitung der Eltern, die sich daran freuen, wenn das Kind Verantwortung übernimmt und etwas wieder in Ordnung bringt.

In dieser ermutigenden Stimmung kann es Handlungsabläufe angstfrei anschauen und erkennen, welche Folgen durch welches Handeln eintreten. Diese Kinder können, wie ein altes Sprichwort es sagt, aus Schaden klug werden.

Um dies beim Kind zu fördern, sollten Schuldzuweisungen der Eltern sich nur auf das Handeln und nicht auf die Person des Kindes beziehen. Das Benennen der Schuld dient dazu, die Verantwortung für einen Schaden festzustellen, um eine Wiedergutmachung oder einen Schadensersatz in die Wege zu leiten. Das Ansprechen der Schuld dient nicht dazu, einen Menschen schlechtzumachen.

„Oh, jetzt ist dir das Glas hinuntergefallen", ist eine Beschreibung der Tat und für ein Kind gut hörbar. *„Oh, du bist schusselig"*, ist hingegen eine Beurteilung der Person des Kindes und schwächt seinen Selbstwert. Das Kind lernt dann, Schuldgefühle mit Selbstverurteilungen und Schamgefühle mit Selbstbeschämungen zu verbinden.

Wenn das Kind bestraft und als Person verurteilt wird, wird es statt Verantwortung eher die Fähigkeiten entwickeln, einen Schaden zu verstecken. Gleichzeitig lernt es zu glauben, dass Menschen für eine Schuld Strafe verdienen. So haben Jugendliche, die viel geschlagen wurden, bei Gericht für sich selbst eine hohe Straferwartung. Sie haben schon gelernt, dass man Strafe verdient, so wie sie irrtümlicherweise auch meinen, Liebe verdienen zu können.

Meine Kinder haben meinen Weg von einer strafenden zu einer beziehungsfreundlichen Begleitung miterlebt. Sie wissen heute: Niemand verdient Strafe, sondern diese ist lediglich ein Instrument für die Dressur.

Wenn Eltern Kinder zum Leben begleiten, können sie vollständig auf jegliche Beschuldigung, die ihr eigenes Kind oder andere Menschen betrifft, verzichten. Der sogenannte Beschuldigte, der den Schaden verursacht hat, ist zwar verantwortlich für die Wiedergutmachung, doch er bleibt immer ein achtenswerter Mensch.

1.3.2.4 Vom Umgang mit Scham- und Schuldgefühlen

So wie Scham uns Orientierung im sozialen Miteinander gibt, hilft das Bewusstsein von Schuld, im Sinne von Verantwortung, einen Schadensersatz oder eine Wiedergutmachung in Gang zu bringen, da, wo es möglich ist.

Eine Verspätung: Lisa, 14 Jahre, verabredet sich mit ihrer besten Freundin zu einer bestimmten Uhrzeit an einem bestimmten Ort und sie vergisst den Termin. Eine Stunde später ruft die wartende Freundin an, erschrocken fällt Lisa ein, dass sie diesen Termin verschwitzt hat.

Es sind zwei Reaktionen in ihr, die fast gleichzeitig entstehen: der Schreck und die Scham. Der Schreck ist ein Gefühl und entsteht, weil sie sich gerne an den verabredeten Termin erinnert hätte. Der Schreck entsteht im Augenblick der Bewusstwerdung dessen, was passiert ist, ähnlich wie ein Schreck entsteht, wenn die Hand die heiße Herdplatte berührt. Das automatische Zurückziehen der Hand, um sie vor Verbrennungen zu schützen, entspricht der Scham, die aufzeigt, dass die Zugehörigkeit zur Gemeinschaft gefährdet ist. – Es geht darum, den Vorfall zu bedauern und sich neue Strategien einfallen zu lassen, um sich zukünftig besser an verabredete Termine zu erinnern.

Lisa könnte sagen, nachdem sie der wartenden Freundin Einfühlung gegeben hatte: *„Ich bedaure sehr, dass du hier auf mich gewartet hast, weil mir Zuverlässigkeit wichtig ist.“*

Sie sagt laut oder leise zu sich: *„Es ist mir wichtig, pünktlich zu kommen, ich werde mir zukünftig eine Notiz in den Terminkalender machen, um mich besser erinnern zu können.“*

Leider wird Scham selten als solche Korrekturhilfe verstanden, die jeder gern und freiwillig in Anspruch nimmt. Die meisten Menschen haben seit frühester Kindheit gelernt, sich selbst zu verurteilen, wenn sie sich schämen. Im Fall von Lisa bedeutet das, dass sie sich nach außen entschuldigen würde und zu sich selbst sagen würde, was sie doch für ein schlechter Mensch sei. Als Selbstverurteilung missverstanden, erzeugt Scham Selbstanklage und Lähmung. In diesem Fall ist Scham keine Hilfe.

Bastelchaos: Verurteilung überflüssig
Die achtjährige Sarah hat einen Farbkasten geschenkt bekommen, mit dem sie Kerzen verschönern kann. Sie will die Mutter überraschen und mit viel Freude verziert sie die beiliegenden Kerzen. Als Sarah die Kerzen stolz der Mutter zeigt, entdeckt diese den Arbeitsplatz, an dem Sarah gearbeitet hat: eine frische Tischdecke auf dem Wohnzimmertisch. Die Mutter dankt ihrer Tochter und sagt, dass sie sich über die hübsche Kerze freut, weil sie wahrnimmt, wie viel Freude die Tochter bei dieser Arbeit hatte. Sie sagt, dass sie gleichzeitig genervt ist, da sie eine saubere Tischdecke behalten möchte. Sie bittet Sarah, künftig für diese Arbeiten eine Zeitung unterzulegen. Sarah antwortet, sie habe es nicht gewusst. Die Mutter kann antworten, dass es gut sei, dass die Tochter es jetzt wisse. Die Verurteilung eines anderen Menschen ist in jeder zwischenmenschlichen Begegnung überflüssig.

Termin vergessen: ein „schlechter" Mensch?
Mein 12-Jähriger Sohn verspricht mir, mein Fahrrad beim Händler vorbeizubringen, mit dem ich einen Termin vereinbart habe. Ich bitte ihn um Hilfe, da ich einen anderen Termin habe und keine Zeit finde, das Fahrrad selbst hinzubringen. Am nächsten Tag möchte ich das reparierte Fahrrad wieder abholen. Der Händler sagt mir ärgerlich, dass das Fahrrad nicht gebracht wurde, obwohl er sich extra diesen Termin frei gehalten hat.

Zu Hause erzähle ich meinem Sohn, das Fahrrad sei nicht beim Händler und ich sei enttäuscht, weil mir Zuverlässigkeit wichtig sei, und ich hätte mich auf seine Zusage verlassen, das Fahrrad dorthin zu bringen. Mein Sohn ist betroffen und sagt, er habe die Aufgabe völlig vergessen und er werde zukünftig genauer darauf achten, zuverlässig zu sein, weil auch ihm das wichtig sei. Noch in Verbindung mit meinem Ärger erinnere ich mich daran, dass niemand absichtlich Fehler macht und es in dem Sinn auch keine Fehler gibt. Ich frage ihn, wie es ihm jetzt gehe, nachdem ihm bewusst geworden sei, dass er das Fahrrad zu Hause vergessen hat? Mein Sohn antwortet mir, er fühle sich irgendwie schlecht.

So schnell funktioniert die Programmierung: ein schlechter Mensch zu sein. – Dieses Erlebnis hatte ich mit meinem ältesten Sohn. Die ersten acht Jahre seines Lebens habe ich ihn nach den Erziehungsmethoden meiner Kindheit erzogen, in welchen Menschen als „gut" oder „schlecht" beurteilt wurden. Inzwischen habe ich diese Muster verlassen, doch sie wirkten bei meinem Sohn noch über Jahre nach.

In der obigen Situation sage ich ihm, er dürfe sich gut fühlen, es sei in Ordnung, einen Termin zu verpassen und daraus für die Zukunft zu lernen. Er nickt erleichtert und ich sehe ihn fröhlich weitergehen.

Ein paar Tage später fahre ich ihn zu einem für ihn wichtigen Termin, ich hatte es ihm versprochen. Unterwegs bemerke ich, dass ich etwas Wichtiges zu Hause vergessen habe und nochmals umkehren möchte. Ich sage meinem Sohn, dass es mir leid tue, dass er jetzt wegen mir zu spät kommen werde. Er antwortet, dass er wirklich gern pünktlich kommen möchte, aber ich solle mir keine Sorgen machen und mich jetzt als Mensch gut fühlen. Jeder mache „Fehler" und jetzt sammele ich gerade eine „Erfahrung" zum Thema Organisationstalent.

Zu der Zeit redeten wir noch davon, dass ein Mensch Fehler machen kann. Heute sind wir zu der Überzeugung gelangt, dass niemand Fehler machen, sondern höchstens Erfahrungen sammeln kann. Erst im Rückblick kann eine Begebenheit als Fehler erkannt werden. Im Augenblick des Handelns tut jeder das für ihn Bestmögliche.

Die ausgeliehene CD
Ein Jugendlicher leiht sich eine Musik-CD aus und bringt sie zerkratzt zurück. Es liegt in seiner Verantwortung, eine neue CD zu besorgen, weil er die CD eines anderen zerkratzt hat.

Wenn jemandem durch das Gefühl Scham oder Schuld bewusst wird, dass für die Gemeinschaft ein Schaden entstanden ist, kann er mit dieser Korrekturhilfe schauen, was zu tun ist, damit das gemeinschaftliche Zusammenleben wieder ins Gleichgewicht kommt. Der Jugendliche kauft eben eine neue CD.

1.3.3 Gewissen

In jedem Augenblick kann ich unter zahlreichen Strategien auswählen, wie ich mir ein Bedürfnis erfülle. Mein Gewissen hilft mir die Auswahl da zu begrenzen, wo die gewählten Strategien nicht meinen Werten entsprechen würden. Das Gewissen zeigt mir mittels Scham und Schuldgefühlen, was ich unterlassen möchte, aber nie, was ich zu tun habe.

Manche Menschen meinen, dass das Gewissen sie auffordert, etwas zu tun. Das Gewissen kann uns nicht auffordern, etwas zu tun. Das Gewissen ist keine graue Eminenz im Hintergrund, der wir hilflos ausgeliefert sind. Es ist der Speicher aller unserer Werte, den wir aufräumen, ordnen und auch überprüfen können. Dabei fragen wir, ob sich da Werte befinden, die wir nicht mehr vertreten wollen, weil wir sie unhinterfragt von unseren Vorfahren übernommen haben. Wir können Werte auch löschen, so z.B. den folgenden Wert, der von den Vorfahren übernommen wurde: *„Nur der ist lieb, der alles tut, was die Eltern von ihm verlangen"* oder: *„Wer zuerst kommt, mahlt zuerst."*

Wir können den Speicher füllen mit Werten wie: *„Jedes Leben darf existieren und ich habe die Überzeugung, diese Erde ist so reich, dass wir dafür gemeinsam eine Lösung finden können" oder: „Gerechtigkeit bedeutet: Jedes Wesen kann seine Bedürfnisse erfüllen."*

Mein Gewissen meldet sich an der Stelle, an der ich versucht bin, eine Strategie zur Befriedigung meiner Wünsche zu wählen, die meinen Werten nicht entsprechen würde. So unterlasse ich persönlich, Zinsen zu nehmen, weil es meiner Vorstellung von Gerechtigkeit im Umgang von Geld widerspricht. Ich unterlasse es, meine Kinder zu strafen, weil es meinem Wert von Respekt und Achtung widerspricht. Ich fliege nicht mit dem Flugzeug, weil es meinem Wert von Bewahrung der Schöpfung widerspricht. Falls ich in Situationen komme, wo sich mir die Frage stellt zu fliegen, meldet sich mein Gewissen, dies zu unterlassen, und ich frage mich, ob ich nicht auch einen anderen Weg finden kann, um ans Ziel zu gelangen.

Das Gewissen ist ein Warnlämpchen im Sinne von: „Überprüfe nochmals deine Entscheidung, dieses Flugticket zu kaufen, weil dir die Bewahrung der Schöpfung wichtig ist." Ob ich etwas unterlasse, ist eine Frage des Abwägens.

Ich bin es aber selbst, die wählt und eine Entscheidung trifft, nachdem ich mein Bedürfnis überprüft habe, das mich leitete zu entscheiden, ohne Flugzeug zum Ziel zu kommen. Es kann Situationen geben, da entscheide ich mich für einen Flug und kann die Verantwortung für diese Entscheidung übernehmen. Ich kann auch im Rückblick entdecken, dass ich manche Entscheidungen gern anders getroffen hätte.

Falls ich entdecke, dass ich meine Kinder strafe, meldet sich mein Gewissen und erinnert mich an meinen Wert, meine Kinder zu achten. Die Achtung vor einem anderen Menschen kann sich für mich nicht erfüllen, wenn ich ihn strafe. Mit der Strafe möchte ich ihm Schmerzen zufügen, damit er sein Verhalten neu überdenkt. Also erinnert mich mein Gewissen, auf Strafe zu verzichten, und auch, wenn ich sie schon angewendet habe, erneut darüber nachzudenken, welche Alternativen mir zur Verfügung gestanden hätten.

Das Gewissen ist keine Einrichtung, die uns auffordert, uns selbst zu verurteilen. Falls wir dies gelernt haben, ist es Zeit damit aufzuhören. Es gibt nie einen Grund, sich selbst oder andere zu verurteilen. Auch unsere Kinder brauchen von uns keine Hinweise mehr zu bekommen, sich selbst zu verurteilen. Sie brauchen aber eine Rückmeldung, was ihr Verhalten bei mir oder anderen Menschen bewirkt.

1.3.4 Verantwortung und Einsicht in Lebenszusammenhänge

Ich gehe heute davon aus, dass Kinder zunächst einmal in unsere Welt kommen und überhaupt noch nicht verstehen, wie diese komplexe Welt zusammenhängt und wie Menschen sozial miteinander umgehen. In diesem Sinn sind Kinder zunächst einmal asozial. Sie haben nicht einmal ein Bewusstsein für Tag und Nacht. Aus diesem Grund kann ein neugeborenes Kind mitten in der Nacht schreien, wenn es Hunger verspürt. Selbstverständlich wird die Mutter diesem Wunsch nachkommen. Sie wird nicht warten und mit dem Kind diskutieren, ob es bis zum nächsten Morgen warten könne, weil es doch „vernünftig" sei, in der Nacht zu schlafen.

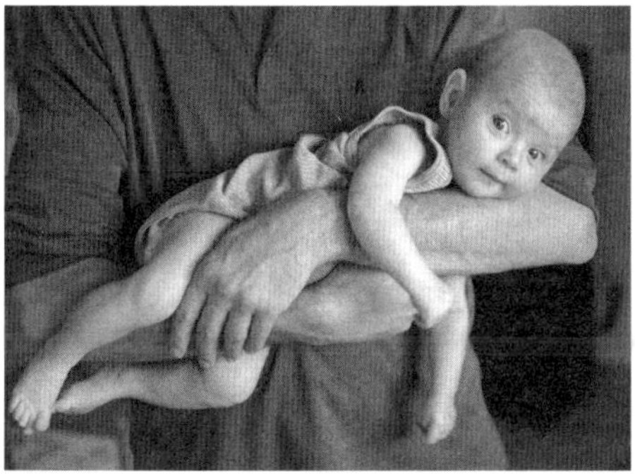

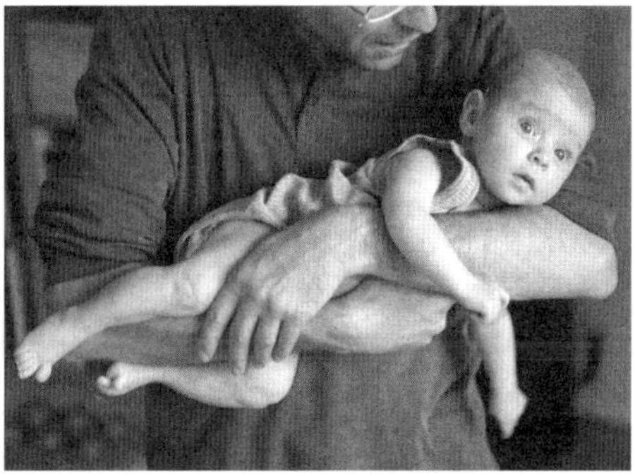

Es hat keinen Sinn, mit einem Kind „vernünftig" zu diskutieren, wo noch keine Vernunft vorhanden ist. Sie wird sich erst entwickeln, indem das Kind Lebenszusammenhänge erkennen lernt. – Wenn ein Kind Einsicht in Lebenszusammenhänge gewinnt, erkennt es, dass es viele Menschen gibt, die Bedürfnisse haben, und dass es Werte unter den Menschen gibt, die Orientierung geben, auf welchem Weg sich jeder Mensch das nehmen oder bekommen kann, was er braucht. Dazu gehört auch das Bewusstsein, dass jeder Mensch diesen Zugang haben möchte und auch bekommen könnte, wenn wir uns als eine große Menschheitsfamilie verstehen würden.

Oftmals appellieren Eltern an die Vernunft ihrer Kinder. Wenn sie zu ihren Kindern sagen: „Sei doch endlich vernünftig", vermuten sie vielleicht, dass sich das Kind absichtlich dumm anstellt und endlich anfangen sollte, mit den Eltern zu kooperieren.

Am Tag der Geburt hat ein Kind null Prozent Einsicht in die Lebenszusammenhänge und die Eltern 100 Prozent Verantwortung für das Leben des Kindes. Sie entscheiden und handeln für das Kind. Wenn das Kind Einsicht in die Lebenszusammenhänge bekommen hat und die Konsequenzen seines Handelns tragen kann, übernimmt es die Verantwortung für sein Leben. Dann respektieren die Eltern die Entscheidungsfrei-

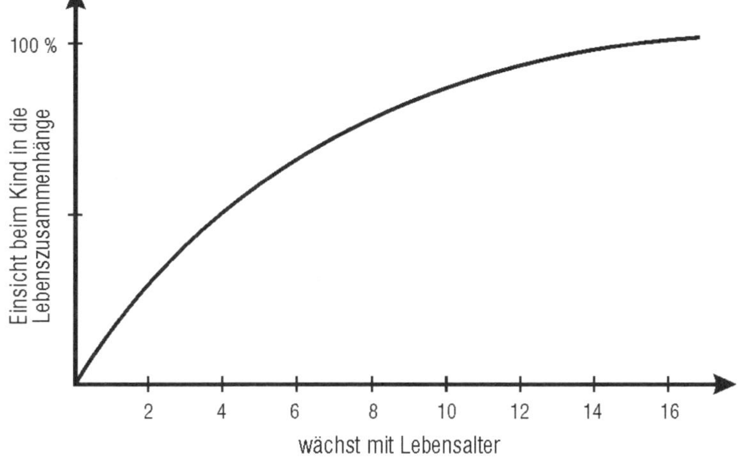

heit des Kindes. Die Verantwortung des Kindes für das eigene Leben wächst mit seiner Einsicht in die Lebenszusammenhänge. Kinder sind auch hier unterschiedlich schnell im Erlernen der Lebenszusammenhänge.

Im gleichen Maß wie die Einsicht in die Lebenszusammenhänge beim Kind wächst, nimmt auch die Verantwortung der Eltern für das Leben des Kindes ab. Am Tage der Geburt haben die Eltern 100 Prozent Verantwortung für das Leben des Kindes, am 18. Geburtstag sind es in der Regel null Prozent.

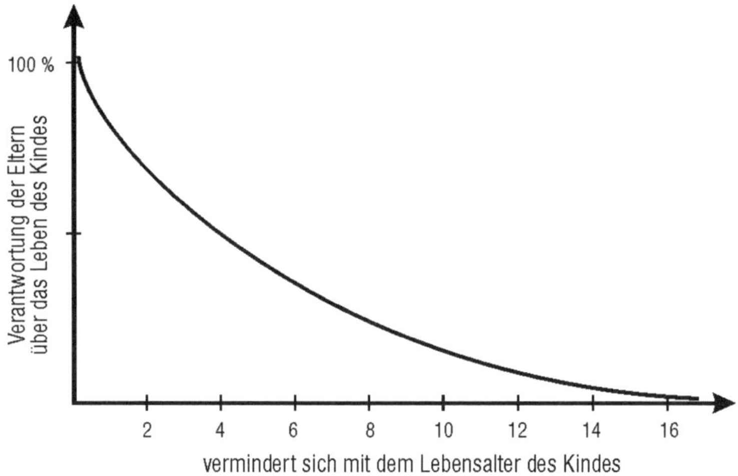

Die Verantwortung der Eltern für das Leben des Kindes sollte in der Regel, wenn das Kind 18 Jahre alt geworden ist, vollständig an das Kind übergeben sein, sodass es Entscheidungen, die sein eigenes Leben betreffen, selbst treffen kann.

In früheren Generationen war dies keine Selbstverständlichkeit. Oftmals haben Eltern über das Leben ihrer längst erwachsenen Kinder bestimmt. So konnte eine siebzigjährige Mutter ihrer vierzigjährigen Tochter Vorschriften darüber machen, wie sie ihren Haushalt zu führen und wie sie ihre Kinder zu erziehen hätte.

Die Zeit zwischen Geburt und Erwachsenwerden ist ein kontinuierliches Abgeben der Verantwortung für das Leben des Kindes, von den Eltern an das Kind. Dies geschieht in dem Maße, in dem das Kind seine Einsicht in die Lebenszusammenhänge und die Konsequenzen seines Handelns erweitert.

Eltern haben unterschiedlich viel Mut und Vertrauen entsprechend ihrer eigenen Lebenserfahrung. Ängstliche Eltern sind zögerlicher, mutige Eltern können dem Kind früher Verantwortung übergeben. Ein erstes Kind wird häufig länger beschützt. Bei den nachkommenden Kindern haben die Eltern mehr Vertrauen und können ihnen früher Freiräume geben.

Kinder haben unterschiedliche Begabungen und Fähigkeiten. Auch innerhalb der Geschwisterreihe beobachten Eltern, dass sie dem einen Kind mehr zutrauen können als einem anderen. – Es ist eine individuelle Entscheidung, wie viel Verantwortung dem einzelnen Kind gegeben werden kann.

Frühstücksbrötchen: Mit fünf Jahren alleine einkaufen?
Der nächste Bäckerladen ist etwa einen Kilometer entfernt von unserem Haus in der Innenstadt einer Kleinstadt und über mehrere Straßen zu erreichen. – Unser fünfjähriger Sohn hat uns freudig am Samstagmorgen Brötchen zum Frühstück geholt. Als seine Schwester im gleichen Alter war, entdeckten wir, dass sie sich noch nicht so weit orientieren konnte, um wieder allein nach Hause zu finden. Aus diesem Grund durfte sie uns diese Freude erst im Schulalter machen.

Ich kenne mein Kind und kann ihm viel zutrauen. Die Oma ist ängstlicher und wird dem Kind weniger zutrauen, weil sie noch nicht die Erfahrung hat, dass das Kind schon eigenverantwortlich handeln kann. Da wo ich dem Kind Eigenverantwortung gebe, gestehe ich ihm zu, dass es experimentieren und Lebenserfahrung sammeln darf.

Unsere Kinder können häufig Grund, Bedeutung oder Tragweite mancher elterlichen Entscheidungen nicht übersehen, gerade dort übernehmen die Eltern in der jeweiligen Situation die Verantwortung.

So wie es am Ende des Lebens ein Ziel ist, einem alten Menschen lange zu ermöglichen, dass er sich selber versorgen und über sein Leben entscheiden kann, ist es am Anfang des Lebens bis zum Erwachsensein ein Ziel, dem Kind mehr und mehr Eigenverantwortung zu übertragen. Eltern geben Verantwortung nach und nach ab und schaffen Raum für Verantwortungsbereiche des Kindes. Wie schnell Eltern Verantwortung abgeben, hängt von der Reife des Kindes ab.

1.3.5 Kinder lernen Zusammenhänge kennen

Um Verantwortung für das eigene Leben zu übernehmen, braucht es viele Erfahrungen. Es ist möglich, einem Kind Verantwortung zu übergeben, wenn es die Einsicht in die Lebenszusammenhänge noch nicht hat, aber die Folgen seines Handelns ohne Gefahr für sich und die Gemeinschaft verkraften kann. In gefahrlosen Situationen lernt das Kind aus eigener Erfahrung am besten.

„Ich esse die Suppe mit der Gabel!“: *Die zweijährige Helena verlangt für die dünnflüssige Suppe eine Gabel statt des Löffels, den sie in der Hand hält. Die Mutter gibt ihr eine Gabel und Helena kann spielerisch erfahren, wieso es Löffel und Gabeln gibt. Nach zehn Minuten des Ausprobierens nimmt sie wieder den Löffel in die Hand und löffelt ihre Suppe aus, mit der neuen erweiterten Lebenseinsicht über die Funktionsweise von unterschiedlichem Besteck.*

Vernunft wächst mit dem Lebensalter von Tag zu Tag. Ein einjähriges Kind begreift vielleicht schon, dass es Tag und Nacht gibt. Ein zweijähriges Kind weiß um manche Gefahren im Haushalt, z.B. kennt es die Gefahr, die von einer heißen Herdplatte ausgeht, oder es weiß um die mangelnde Tragfähigkeit des Wassers – es kann aber noch nicht verstehen, wieso der Vater morgens durch eine Tür hinausgeht und am gleichen Tag abends wieder durch diese Tür hereinkommt; es weiß nichts von den Sorgen des Arbeitslebens. Ein dreijähriges Kind weiß, wie man Nachbars Katze anlocken kann, aber noch nicht, woher das Geld kommt, mit dem Mama im Supermarkt alles kauft, und wieso dann nicht auch noch das Eis gekauft wird, das letztens so gut geschmeckt hat. Für die vernünftigen Argumente der Mutter ist es nicht zugänglich. Das Kind weiß nur, es will ein Eis, und zwar jetzt sofort, vor dem Mittagessen.

Kleine Kinder wissen noch nicht, wieso Eltern am Sonntagmorgen ausschlafen möchten oder wieso eine Mutter einen Mittagsschlaf braucht. Bis zu einem bestimmten Alter wird keine Kunst des Erklärens die Einsicht des Kindes hervorlocken können, es möge doch bitte endlich einsehen, dass Mutter und Vater gerade jetzt diesen Schlaf brauchten. Erklärungen helfen einem dreijährigen Kind auch nicht, Verständnis für einen wichtigen Termin der Eltern zu entwickeln, den sie rechtzeitig erreichen wollen. Das Kind wird die Überzeugung beibehalten, dass das Spiel mit dem kleinen Spielzeugauto gerade die wichtigste Tätigkeit auf der Welt sei.

Eltern haben 18 Jahre lang Zeit, ihren Kindern die Lebenszusammenhänge dieser Welt zu zeigen, sie diese erfahren zu lassen und ihnen vorzuleben, wie sich Menschen untereinander verhalten. Die Begleitung von Kindern hat zum Ziel, dass junge Menschen, vielleicht mit 16 Jahren, spätestens mit 18 Jahren sich im Leben zurechtfinden und sie Verantwortung für die Konsequenzen ihres Handelns tragen können. Kinder erweitern jeden Tag teilweise mit einer riesigen Geschwindigkeit ihr Wissen und ihren Durchblick in Bezug auf das Leben. Für jede Begebenheit des Lebens gibt es einen Zeitpunkt, an welchem das Kind vom Nichtverstehen zum Verstehen wechselt.

Kinder sind lernende Wesen, ebenso wie wir Erwachsene, die immer noch dazulernen. Der Unterschied mag darin liegen, dass Erwachsene in manchen Gebieten einen Wissensvorsprung haben, den Kinder jedoch schnell aufholen können. Zuvor befindet sich das Kind in einem Lernzustand, in welchem es in Teilsituationen seines Lebens noch nicht Verantwortung für sein Leben übernehmen kann. In diesen Bereichen tragen die Eltern die Verantwortung für das Leben des Kindes.

Am Tage der Geburt haben Babys noch keinen Einblick in die Lebenszusammenhänge, sie können jedoch ihre Bedürfnisse wahrnehmen und äußern diese auf Babysprache. Das Weinen eines Babys kann bedeuten: *„Bitte wickele mich, denn ich bin nass und ich will's trocken haben"* oder: *„Bitte kuschele mit mir, ich brauche deine Nähe"* oder: *„Ich habe Hunger, bitte gib mir was zu essen."*

Den Wunsch nach Nahrung kann ein Baby mitten in der Nacht äußern. Die Mutter wird jedoch von dem Baby nicht fordern, dass es bis zum nächsten Morgen wartet, weil der Mutter die Nachtruhe wichtig ist.

Die Situation hat sich geändert, wenn das Kind 12 Jahre alt ist und mitten in der Nacht das gleiche Bedürfnis äußert: es habe Hunger. Die Mutter kann davon ausgehen, dass ein zwölfjähriges Kind die Lebensumstände so weit versteht, dass es weiß, Eltern brauchen ihre Nachtruhe. Somit kann sie erwarten, dass das zwölfjährige Kind sich selber am Kühlschrank das holt, was es braucht. Dieses Beispiel soll zeigen, dass im Laufe der Jahre beim Kind die Einsicht in die Lebenszusammenhänge wachsen wird. Irgendwann in seinem Leben kommt der Punkt, wo das Baby erkennt, dass es einen Tag- und Nachtrhythmus gibt, an den sich auch andere Menschen halten möchten.

Nachdem diese Erkenntnis in die Lebenszusammenhänge etabliert ist, ist es nicht mehr selbstverständlich, dass das Kind mitten in der Nacht gefüttert wird, es sei denn, es liegen besondere Umstände wie z.B. Krankheit vor.

Wenn wir uns bis hier einig sind, können Sie auch mit mir nachvollziehen, dass es zu jedem Lebensthema einen Zeitpunkt gibt, vor welchem das Kind noch keine und nach welchem es schon Erkenntnisse in die Lebenszusammenhänge hat.

Vielleicht können Sie auch mit mir nachvollziehen, dass es für ein Kind sinnvoll ist, wenn Eltern vor diesem Zeitpunkt der Erkenntnis für das Kind in seinem Sinne handeln, statt das Kind zu fragen, ob es damit einverstanden sei. Würden die Eltern das Kind fragen, dann erwarten sie eine Antwort von jemanden, der die Lebenszusammenhänge noch nicht überblicken kann. Eine solche Frage wird auf das Kind wirken, so als ob Sie mich bitten zu erklären, wie der Motor in meinem Auto funktioniere – ein Thema, das für mich ein Buch mit sieben Siegeln ist.

Im Folgenden verwende ich die Begriffe „kleine" Kinder und „große" Kinder. Dabei meint „klein", dass ein Kind noch vor dem Zeitpunkt ist, von dem ab es Verantwortung für sein Leben trägt, weil ihm aufgrund seiner Lebenserfahrung und Entwicklung noch Einsichten in die Lebenszusammenhänge fehlen. „Klein" bezieht sich immer auf einen bestimmten Bereich. Ein Kind kann in einem Lebensbereich noch „klein" und in einem anderen Lebensbereich schon „groß" sein. In jenem trägt es schon Verantwortung für sein Leben. „Große" Kinder haben in einigen Teilbereichen ihres Lebens schon Verantwortung für ihr Leben, dort, wo sie die Konsequenzen ihres Handelns überblicken können.

Im Straßenverkehr ist ein vierjähriges Kind noch „klein" und darf die stark befahrene Straße nur mit den „großen" Geschwistern oder Eltern überqueren. Gleichzeitig ist es schon „groß" und darf allein zum Kindergarten gehen, zu dem es gelangen kann, indem es eine wenig befahrene Straße mit Zebrastreifen überquert.

Während die Eltern das Kind ins Leben begleiten, gestaltet das Kind manche Lebensbereiche schon eigenverantwortlich und andere lernt es gerade erst kennen. In diesen, für das Kind „neuen" Lebensbereichen tragen die Eltern noch teilweise die Verantwortung und sagen unter Umständen Nein zu dem, was das Kind selbst für sich verantworten möchte. Der Wille des Kindes jedoch sollte während der ganzen Zeit der Begleitung respektiert werden.

Das Kind übernimmt mehr und mehr Inseln von Verantwortung und Freiheit, bis es selbst verantwortlich Land erreicht und im Leben steht. Von solchen Situationen mit Kindern handeln die nächsten Beispielgeschichten.

1.3.6 Eltern tragen noch Verantwortung für das Kind

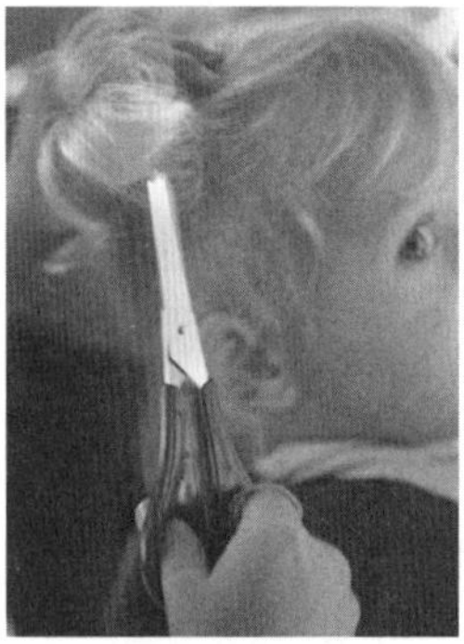

Eltern begrenzen den kindlichen Willen aus Verantwortung für die Konsequenzen, die das Kind noch nicht tragen kann.

Die abgeschnittenen Haare: Ich erinnere mich an Situationen mit meinen Kindern, als sie noch klein waren, und die zu der Zeit oft irgendetwas taten, was mich völlig entsetzte. So schnitt der Siebenjährige seinem vierjährigen Bruder die Haare. Nachdem ich mich verständlich machen konnte, dass dafür der Friseur zuständig sei, weil dieser eher meinem Geschmack nach Schönheit nachkomme und mein Sohn verstanden hatte, wie wichtig mir das sei, war er gern bereit, dem Friseur den Vortritt zu geben.

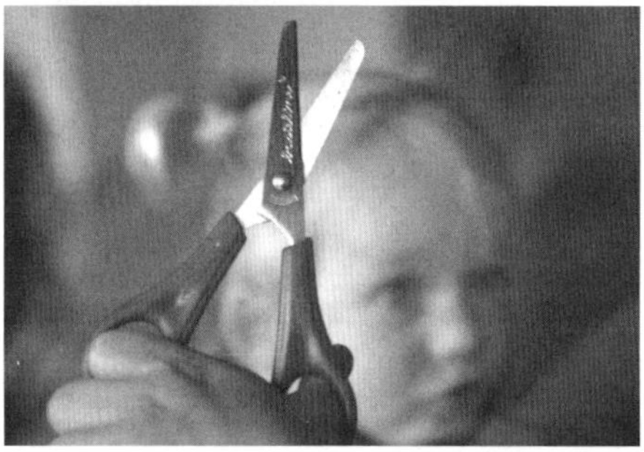

Meine Kinder sagten dann regelmäßig an dieser Stelle: „Ich habe das halt nicht gewusst", und sie erinnern sich bis heute, dass ich dann antwortete: „Gut, dass du es jetzt weißt."

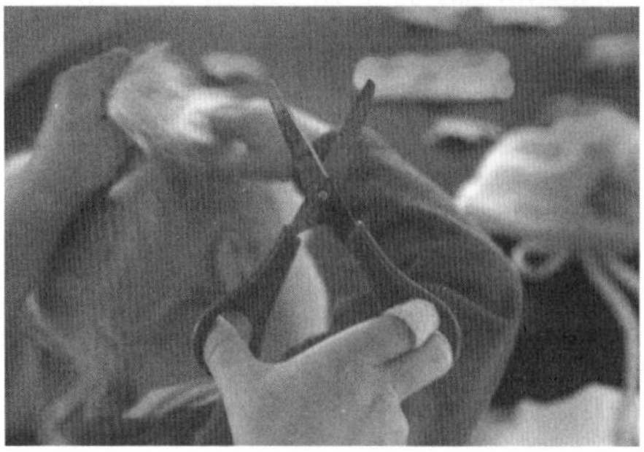

Mutter: *„Hoppla, du schneidest ihm die Haare. Ich bin ganz erschrocken, weil mir Schönheit wichtig ist."*
Sohn: *„Mir auch, deshalb habe ich mir gedacht, dass es an der Zeit ist, ihm die Haare zu schneiden."*
Mutter: *„Schönheit ist dir auch wichtig. Bist du davon überzeugt, dass Schönheit entsteht, wenn Haare geschnitten werden?"*
Sohn: *„Na ja, zumindest sahen sie schön aus, als der Friseur sie das letzte Mal geschnitten hat."*

Mutter: *„Bist du davon überzeugt, dass du wie der Friseur Haare schneiden kannst? Schnapp, das Haar ist ab!"*
Sohn: *„Ich denke, ich sollte noch viel mehr abschneiden, damit es so aussieht wie vom Friseur und du auch Freude daran hast."*
Mutter: *„Ich mache mir jetzt Sorgen, ob durch Abschneiden allein Schönheit entsteht. Immerhin weiß ich, dass der Friseur drei Jahre lernt – das entspricht fast der Hälfte deines bisherigen Lebens. Erst dann traut er sich zu, schöne Frisuren zu schneiden. Hast du das gewusst?"*
Sohn: *„So lange? Ich wollte wirklich so schneiden, dass es schön aussieht!"*
Mutter: *„Bist du jetzt erstaunt, weil du uns unterstützen wolltest mit dem Schneiden der Haare und es dir auch Spaß macht und du davon ausgegangen bist, dass wir uns freuen?"*
Sohn: *„Ja."*
Mutter: *„Danke, Unterstützung ist mir wirklich wichtig. Schönheit ist mir auch wichtig. Mich würde es beruhigen, wenn wir den Friseur daran lassen, denn ich möchte sicher sein, dass der Haarschnitt gelingt, und der Friseur hat Erfahrung. Ich bin sicher, dass du auch gut Haare schneiden kannst, wenn du wie der Friseur es drei Jahre lernst!"*
Sohn: *„Gut, lassen wir den Friseur da dran, jetzt weiß ich es."*

Nachts unterwegs?: Mein 14-jähriger Sohn informiert mich, dass er aufs Sommerseefest in die Nachbarstadt fährt und drei Tage später zurück sein wird. Er erklärt mir, dass auch alle seine gleichaltrigen Freunde das dürfen. Obwohl ich sein Bedürfnis nach Autonomie anerkenne, sage ich Nein zu seinem Ausgang für drei Tage, weil ich die Verantwortung für seine Sicherheit trage. Ich brauche Informationen, an welchem Ort er um 22 Uhr sein wird, und die Zusage, dass er diesen Schlafplatz auch aufsucht.

Ich weiß, dass er in seiner Gruppe, auch wenn er sonst als Einzelner sehr verantwortungsbewusst ist, nicht mehr individuell Entscheidungen treffen wird. Die „Peergruppe", die Gleichaltrigen, hat mehr Einfluss als alle eigenen und elterlichen Vorbilder. Wenn sie in tiefer Nacht anfangen als Gruppe etwas zu unternehmen, was wir als Eltern – er selber ansonsten auch – ablehnen (Drogen, Risikospiele ...), bräuchte er übermäßige Reife, um sich dem zu entziehen. Es besteht nur die Chance nicht mitzumachen, indem er vor den Freunden die Verantwortung auf seine altmodischen Eltern schiebt, die so langweilig, wie sie sind, verlangen, dass er zu einer bestimmten Zeit im Bett liegt. Mir ist es lieber, er schimpft auf seine Eltern, als ihm zu viel Verantwortung zu geben, mit der Hoffnung, er könne, allen Erfahrungen zum Trotz, sich der Peergruppe entziehen, wenn es brenzlig wird.

Der Film zum Gruseln: Meine neunjährige Tochter will wie alle ihre Freunde selbstverständlich ins Kino gehen und sich dort einen dieser modernen gruseligen Schockerfilme ansehen. Ich kenne aber ihre Phasen von Albträumen und Angstzuständen. So entscheide ich, dass sie erst in ein paar Jahren diesen speziellen Film sehen darf. Ich bin diejenige, die sowohl auf ihre körperliche als auch auf ihre seelische Gesundheit achtet, denn ich tröste sie in der Nacht, wenn sie nach solchen Filmen möglicherweise von abgebrannten Gesichtshälften und Geistern träumt.

So entscheiden Eltern in Situationen für die Kinder individuell und tragen für sie die Verantwortung, da wo Kinder aufgrund ihrer Erfahrung noch nicht Einsicht in die Lebenszusammenhänge haben und somit nicht die Folgen ihres Handelns tragen können.

Das Kind ist verschwunden: In vielen Situationen mit älter werdenden Kindern wäge ich ständig neu ab, ob ich meinem Kind schon Freiheit und Verantwortung für bestimmte Bereiche übergeben kann.

Einmal im Monat gehen wir sonntags in unserer Kirchengemeinde Mittagessen: Dies hat für mich den Vorteil, dass schon gekocht ist. Unsere Kleinkinder liebten diesen Treffpunkt, aber als sie größer wurden, langweilten sie sich. Mit zehn Jahren teilte uns unsere Tochter mit, sie wolle nicht mehr mitkommen, sie würde sich wie ihr großer Bruder lieber ein Spiegelei „in die Pfanne hauen". Ich war unsicher, ob ich dies erlauben könnte, und trug ihr meine Bedenken vor. Mir ist ihre Sicherheit wichtig und ein geregeltes Mittagessen. Sie hörte meine Bedürfnisse und konnte mir überzeugend vermitteln, dass für beides gesorgt ist. So übergebe ich ihr die Verantwortung und nehme die sechsjährige Schwester mit, die jetzt zwar auch zu Hause bleiben will, bei der ich es aber aufgrund ihres geringeren Alters noch nicht verantworten kann, ihr dieselbe Freiheit zu geben.

Als ich nach drei Stunden nach Hause komme, ist meine zehnjährige Tochter verschwunden, auch in der Nachbarschaft ist sie nicht aufzufinden. Nach weiteren zwei Stunden fange ich an, mir wirklich Sorgen um sie zu machen, und erkenne, dass ich ihr zu früh die Verantwortung gegeben habe, denn sie kennt unsere Familienregel: Wir wissen voneinander, wo wir sind, informieren uns mittels Telefon oder Zettel. Ich beschließe, dass ich sie zukünftig am Sonntag wieder mitnehmen werde, bis ich ihr vertrauen kann, dass sie uns informiert. Meine zwischenzeitliche Panik zeigt mir, wie wichtig mir die Information ist, wo sich meine Tochter befindet. Ich kann mich da auf keine Kompromisse einlassen und werde viel Vertrauen brauchen, um ihr erneut Freiheit in so einer Situation geben zu können.

Eine halbe Stunde später ruft mich mein Mann aus dem Büro an, er habe vergessen, mir Bescheid zu geben, unsere Tochter hätte ihn vor zwei Stunden angerufen, sie sei bei einer Freundin. Ein Stein fiel von meinem Herzen und gleichzeitig wusste ich, dass ich ihrer Zuverlässigkeit vertrauen kann: Sie hatte verantwortlich gehandelt. Das Versäumnis meines Mannes hatte mich fantasieren lassen, dass sie es noch nicht könne.

Monster im Kinderzimmer: Eltern haben das Anliegen, ihre eigenen Werte ihren Kindern zu vermitteln. Eltern, denen Schönheit und Gerechtigkeit wichtig sind, können Stellung beziehen, wenn ein sechsjähriges Kind ein Spielzeugmonster und Maschinengewehr geschenkt haben möchte, und dem Kind sagen: *„Dieses Monster ist dir sehr wichtig, du willst es haben, weil auch deine Freunde es haben. Ich sage Nein, weil mir wichtig ist, dass ich dein Spielzeug gern anschaue. Das sind Monster, die anderen wehtun, so etwas wollen wir nicht und aus diesem Grund kaufen wir das Monster nicht."*

1.3.7 Eltern übergeben zu früh Verantwortung an das Kind

Die folgenden Situationen berichten von Beispielgeschichten mit Kindern, in denen Eltern nicht den Mut haben, den Willen des Kindes zu begrenzen. Sie übergeben dem Kind zu früh zu viel Verantwortung.

Dann kaufe ich dir halt das Monster: Zur Harmonie neigende Eltern sagen: *„Nun, wenn du das Monster unbedingt haben willst ... wir finden es zwar nicht gut, aber du bekommst es und höre auf zu weinen."*

Dann geht das Kind mit dem Gruselmonster und dem Maschinengewehr zum Spielen zu seinem Freund. Die Mutter entschuldigt sich, dass sie beides nicht kaufen wollte, aber ihr Sohn es im Laden unbedingt haben wollte: *„Dann habe ich es gekauft, weil er es so gern wollte."*

Eltern übergeben somit dem Kind Verantwortung, nicht weil es die Reife erlangt hat zu wählen, sondern aus Angst vor Tränen. Das Motiv, dem Kind dieses Monster zu kaufen, ist nicht, dem Kind eine Wahl zuzugestehen, sondern die Angst der Eltern vor den unglücklichen Gefühlen ihrer Kinder. Kinder brauchen einfühlende Begleitung, wenn sie unglücklich sind, statt unglückliche Gefühle mit allen Mitteln zu verhindern, während die eigenen Werte verlassen werden.

Deshalb entscheiden die Eltern, welches Spielzeug sie ihren Kindern kaufen, und prägen damit die Vorstellung von Schönheit. Solange Kinder noch klein sind, orientieren diese sich an dem, was sie in der Welt vorfinden, entweder durch ihre Eltern oder durch das, was sie in der Werbung sehen. Eltern treffen eine Auswahl für ihre Kinder, auf welchem Weg sie Schönheit und Liebe kennenlernen.

Wo ein Kind mehr und mehr die Werte und die Lebenszusammenhänge versteht, kann es sein, dass das Kind Werte verwirklicht, die nicht mehr mit den elterlichen Werten übereinstimmen. Das Eigenleben des Kindes mit seinen eigenen Wertvorstellungen braucht Respekt, wenn es entwickelt ist.

Was soll ich denn zu Hause?: Ein 13-Jähriger ist mit Freunden unterwegs, jeden Abend und das ganze Wochenende. Die Eltern fühlen sich unwohl, weil sie gar nicht mehr so genau wissen, was das Kind unternimmt. Regelmäßig wird der vereinbarte Zeitpunkt, wann der Junge am Abend zu Hause sein muss, telefonisch auf einen späteren Zeitpunkt korrigiert. Die Mutter versucht ihn gelegentlich zu überreden, einen

Abend zu Hause zu verbringen. Seine Frage, was er denn zu Hause tun könne, macht sie ratlos und sie gibt ihm ihre Zustimmung, er könne bleiben. In ihr bleibt ein Gefühl von Hilflosigkeit und auch Traurigkeit, dass er ungern zu Hause ist. Sie selber kann ihren Wunsch nach Familienleben nicht äußern.

„Ich hol mir jetzt ein Eis“: Die Mutter sagt hilflos über ihr fünfjähriges Kind: „Das Eis finde ich ja auch nicht gut so kurz vor dem Essen, aber was sollte ich denn machen, er hat es schon selbst aus der Truhe geholt ...“

Da bestimmen also die Kinder, welche Werte gelebt werden, bekommen zu früh zu viel Verantwortung in Bereichen, wo sie die Lebenszusammenhänge noch nicht verstehen können. Eltern passen sich an. Die Folge davon ist, dass die Eltern sich als „Verlierer“ erleben und Gefühle von Hass gegenüber ihrem Kind entwickeln. Somit entsteht eine tragische Situation.

1.3.8 Dem Kind Verantwortung übergeben

Beispielgeschichten für Vertrauen in die Kompetenz des Kindes:

Zerbrochenes Geschirr: Meine dreijährige Tochter hilft beim Abtrocknen. Sorgfältig trocknet sie die Teller ab, ein Teller geht zu Bruch. Ich habe ihr die Erlaubnis zum Abtrocknen gegeben, weil ich möchte, dass sie dabei Kompetenz erwerben kann. Aller Anfang braucht Übung und ich gestehe dem Kind zu, dass ein Teller zu Bruch geht.

Ich sage: *„Schade, der schöne Teller, jetzt werden wir die Scherben aufkehren und dann darfst du noch einen Teller abtrocknen. Denn du weißt jetzt, wie du den Teller festhältst, damit du ihn abtrocknest und er sicher in deiner Hand bleiben wird."*

Nachtarbeit am Computer: Mein 13-jähriger Sohn möchte in den Ferien noch nach Mitternacht am Computer arbeiten, obwohl er zugesagt hat, am andern Morgen sich am Familienausflug zu beteiligen. Mir als Mutter ist ein einmaliger Familienausflug in den Ferien wichtig, so habe ich es am Vortag mit der Familie besprochen und wir konnten uns auf den folgenden Tag als Termin einigen.

Hat mein Sohn die Kompetenz zu wissen, ob er am nächsten Tag früh aufstehen kann, wenn er bis nach Mitternacht wach ist? Hätte er nicht die Kompetenz, dann würde ich für ihn die Verantwortung übernehmen und ihm sagen, er solle den Computer jetzt ausschalten. Ich überlege und entscheide mich dafür, dass er die Kompetenz hat. Er weiß mit 13 Jahren, wie sich Müdigkeit anfühlt, wenn man nach Mitternacht ins Bett geht. Ich habe das Vertrauen und die Erfahrung gemacht, dass er sich an Abmachungen hält. So sage ich: *„Ich sehe, wie du Spaß am Computer hast, und ich möchte dich nur noch an unsere Abmachung erinnern, die Abfahrt ist morgen um 9 Uhr."* – *„Ja, ich kann für mich selber sorgen"*, erhalte ich als Antwort. Am nächsten Morgen ist er zur vereinbarten Zeit abfahrbereit. Er sieht müde aus, aber für mich ist es in Ordnung. Er kann die Verantwortung übernehmen, sich auch müde an Abmachungen zu halten. Es ist für ihn auch eine wichtige Erfahrung, trotz Müdigkeit früh aufzustehen, und er wird vielleicht in einer anderen Situation entscheiden, früher ins Bett zu gehen.

Wäre er nicht zum vereinbarten Termin gekommen, hätte ich gewusst, dass er noch nicht die Kompetenz hat, einen Termin einzuhalten, wenn er spät ins Bett geht. Ich hätte dann am Morgen zu ihm gesagt: *„Ich bin enttäuscht, weil mir eine gemeinsame Fahrt wichtig ist und ich mich darauf verlassen habe, dass du mitkommst. Jetzt schlafe dich aus, ich werde zukünftig wieder darauf achten, dass du rechtzeitig ins Bett gehst."*

In einer nächsten Situation hätte ich wieder für ihn entschieden, wann er den Computer am Abend ausschaltet.

2. Wie setzen Eltern Grenzen?

Zwei Schwerter für Leo

Der fünfjährige Leo ist mit seinen Eltern und seiner Schwester unterwegs auf einem mittelalterlichen Fest. Es gibt viel Spannendes zu sehen, besonders die Schaukämpfe der Ritter mit ihren Schwertern faszinieren Leo. Ein Verkaufsstand bietet solche Schwerter für Kinder an, die in großer Zahl verkauft werden. Viele Kinder tragen stolz ein Schwert vor sich her. Auch Leo möchte ein solches Schwert kaufen.

Dies ist der Einstieg zu einem Konflikt zwischen den Eltern und Leo. Leos Mutter ist sich bewusst, dass es leichter ist, Ja zum Kauf eines Schwertes zu sagen statt Nein, weil das Nein mit sich bringt, dass Leo protestieren wird.

Mein Sohn konnte mit fünf Jahren in einer ähnlichen Situation seine Reaktion auf unser Nein bewusst planen, indem er sagte: „Wollt ihr das Geschrei jetzt hören?"

Nachdem Leo seinen Wunsch nach einem Schwert geäußert hat, beginnt der innere Dialog der Mutter: *„Ich möchte Leo ein solches Schwert kaufen, weil es mich freut, wenn ich ihn glücklich sehe. Das Schwert ist seine Strategie, um zu spielen. Andererseits hat Leo schon im letzten Jahr zwei Schwerter geschenkt bekommen, die er kaum noch anrührt und die sein voll gestelltes Kinderzimmer versperren. Das Schwert kostet zwar nur wenige Euro, wir könnten es uns gut leisten. Aber ein Verzicht ist mir wichtig, weil ich mir vorgenommen habe, eher Spielzeug zu reduzieren, als weiteres anzuschaffen. Ich habe die Erfahrung gemacht, Leo kommt viel besser ins Spielen, wenn weniger Spielzeug im Raum ist, als wenn er ein Überangebot davon hat. – Außerdem kann ich es nicht mittragen, dass mein Kind Zugang zu jedem von ihm gewünschten Spielzeug hat. Unsere Welt und auch unser Kinderzimmer ist begrenzt. Auch will ich Leo teilhaben lassen an meiner Erkenntnis, dass andere Menschen auf dieser Welt ihren Lebensraum haben könnten, wenn wir in unserer reichen Welt lernten, uns zu begrenzen. Aus diesen Gründen entscheide ich, dass sich Leo kein weiteres Schwert kaufen darf."*

Die Mutter hat ein Bedürfnis nach Ruhe und Entspannung, das sich durch einen konfliktfreien Bummel auf dem Markt erfüllen würde. Die Strategie, ein weiteres Schwert kaufen, würde dazu beitragen, denn der Junge wäre zufrieden. Diese Strategie tritt in Konflikt zu ihren eigenen Werten, die ihr Kind nur in Ansätzen kennt und wahrscheinlich momentan nicht mit ihr teilen möchte. Leo teilt die Werte seiner Mutter auch deshalb nicht, weil er ihre Werte mit seinem Verstand noch nicht erfassen kann.

Zu den Werten von Leos Mutter gehören Gerechtigkeit und Ehrfurcht vor dem Leben und das bedeutet für sie, dass jedes Lebewesen Raum findet, sich die eigenen Bedürfnisse zu erfüllen.

Leos Mutter hat die Überzeugung gewonnen, dass der Überfluss unserer europäischen Gesellschaft nicht mit ihrem Wert von Gerechtigkeit in Übereinstimmung steht. Irgendwie hängt unser Reichtum mit dem Mangel auf der anderen Seite der Erde zusammen. Aus diesem Grund begrenzt Leos Mutter ihren Lebensstil, obwohl sie sich finanziell mehr leisten könnte.

Gleichzeitig ermöglicht der relative Reichtum unserer Gesellschaft den Kindern Zugang zu einem Wohlstand, wie es noch nie eine aufwachsende Generation erlebt hat.

Während in früheren Zeiten die meisten Kinder sich nur wenige materielle Wünsche erfüllen konnten, leben wir heute in einer Zeit, wo viele Kinder mehr Spielzeug bekommen, als deren Kinderzimmer aufnehmen können. Die schwierige Aufgabe der Eltern besteht darin, diesen materiellen Wohlstand zu begrenzen, eine Aufgabe, die wohl kaum eine Generation vor uns zu bewältigen hatte. Es ist die Aufgabe der Eltern und nicht der Kinder, dafür zu sorgen, dass Kinder nur so viel Spielzeug bekommen, wie sie auch sinnvoll nutzen können.

Vom Mittelalter bis in das letzte Jahrhundert waren Werte gesellschaftlich deutlich definiert. Jeder wusste, was erlaubt und was verboten war. Für viele Menschen galten damals als wichtigste Werte: Gehorsam, Unterordnung, Bescheidenheit, Zurückhaltung, Anpassung und ein fester Glaube an Gott. In dieser Zeit spielte die Erfüllung individueller Bedürfnisse keine Rolle und die Freiheit des Einzelnen war eingeschränkt. Wichtig war das Überleben der Gesellschaft.

Heute lehnt unsere Gesellschaft diese Werte aus historisch leidvoller Erfahrung ab und seitdem gibt es überhaupt keine gemeinsame Ethik des Zusammenlebens mehr. Ohne ein Mindestmaß an gemeinsamen Werten ist kein gesellschaftlicher Konsens mehr möglich (Hahne 2004, S. 30). Heute gibt es keine allgemeingültigen Werte mehr, an denen der Einzelne sich orientieren kann. Eltern fragen sich, welche ihrer Werte sie ihren Kindern noch vermitteln wollen.

Viele Eltern trauen sich nicht einmal, wesentliche Werte ihren Kindern vorzuleben, weil sie befürchten, dass diese antiquiert, vielleicht auch schon überholt sind. So gibt es Eltern, die sagen, es gäbe kein Recht und Unrecht, es gibt nur ihre und die Bedürfnisse anderer Menschen. Sie geben keine Werte-Ethik weiter, die einen verlässlichen Orientierungsrahmen bietet.

Ich vermute, dass hier eine Ursache liegt für die zunehmende Verunsicherung von Eltern, Entscheidungen für ihre Kinder zu treffen. Diese Eltern wollen es in dem Sinn „richtig" machen, dass sie gar nichts fürs Kind entscheiden. Das Kind setzt selbst den Maßstab und wählt dann selbst seine Strategien, ohne dass es Lebenserfahrungen hat, welche Folgen sein Handeln haben kann ... Leo bekommt folglich das dritte Schwert und ihm entgeht die Erfahrung, dass zwei Schwerter ausreichen. Er kann dann nicht erleben, wie wertvoll seine zwei Schwerter zu Hause sind. Es stehen wahrscheinlich demnächst drei Schwerter in der Zimmerecke.

Die eigenen Werte zu leben erfüllt das Bedürfnis nach Integrität. Das ist so etwas wie sich selbst treu zu bleiben und damit die eigene Persönlichkeit als stabil zu erleben. Die Entscheidung der Mutter bewegt sich nun zwischen ihren Bedürfnissen nach Ruhe und Integrität und der Frage, welches sie zuerst nähren möchte.

Sie hat in der letzten Nacht gut geschlafen und ist ausgeruht und am Nachmittag ist Entspannen angesagt. Anders wäre es, wenn die Nacht unterbrochen worden wäre durch eine Krankheit von Leos kleiner Schwester. Dann würde die Mutter schon am Morgen gereizt aufwachen und dringend Ruhepausen brauchen. Leos Mutter achtet gut auf ihre Grenzen und darauf, was sie sich zumuten kann. Sie weiß um die Kraft, die sie braucht, wenn sie Leo begleitet.

Sie trifft stellvertretend für Leo die Wahl und begrenzt sein Wollen, indem sie entscheidet, dass er kein drittes Schwert bekommt.

In vielen anderen Bereichen begrenzen Eltern ihre Kinder selbstverständlich. Sie verhindern, dass Kleinkinder Alkohol trinken, weil sie für ihre Gesundheit sorgen. Mit der gleichen Begründung begrenzen Eltern ihre Kinder beim Kauf von Chemikalien, Pornoheften und Gewaltvideos. Zwischen Kindheit und Erwachsenenwelt liegt der Übergang, an dem die Eltern den Kindern mehr und mehr die Freiheit geben, ihre eigene Wahl zu treffen. Dann wählen Kinder auch Strategien, die in Konflikt mit den elterlichen Werten stehen, nicht aber mit den eigenen. Zu diesem Zeitpunkt tragen nicht mehr die Eltern, sondern die Kinder selbst die Verantwortung für ihr Leben.

Dies ist Leos Mutter bewusst und deshalb bekommt sie durch ihr Kind Kontakt zu ihren eigenen Werten. Die spannende Frage ist jetzt: Wie vermittelt Leos Mutter ihm ihr Nein zu einem weiteren Schwert?

2.1 Autoritäre und harmonisierende Erziehung

In den letzten Jahrhunderten lernten Kinder durch einen autoritären Erziehungsstil das Gehorchen. Leos Mutter erlebte das in ihrer Kindheit und litt darunter. Sie hätte von ihren Eltern lediglich gehört: *„Nein, das Schwert bekommst du nicht!"*

Wenn sie es gewagt hätte zu weinen oder sogar zu protestieren, hätte sie von ihren Eltern „eins hinter die Löffel" bekommen, mit der Bemerkung: *„Halt deine Klappe, du hast hier nicht zu wollen, und außerdem hör auf zu plärren, ich will keinen Ton mehr hören."*

In dieser autoritären Erziehung hatte das Kind nicht zu „wollen". Wenn es etwas wollte, dann sollte es das wollen, was die Eltern wollen. Eltern haben ihren Kindern gesellschaftliche Regeln vermittelt und erwartet, dass die Kinder sie widerspruchslos übernehmen. Protest der Kinder in Form von lautem Geschrei war nicht erlaubt. Wenn Kinder früher laut herumschrieen, wurde über die Eltern gesagt, dass sie in ihrer Erziehung versagt und ihre Kinder nicht richtig „im Griff" hätten.

Wenn heute die Eltern das Geschrei ihrer Kinder nicht ertragen, dann fürchten sie manchmal immer noch die Meinung der Umgebung, aber mehr noch fürchten sie, dass ihre Kinder unglücklich sein könnten. Manche Eltern tragen selber so viele schmerzliche Erinnerungen aus ihrer eigenen Kindheit in sich, dass sie solche Momente ihren Kindern ersparen wollen. Deshalb kaufen sie lieber ein überflüssiges Schwert und wissen ihre Kinder scheinbar glücklich.

Heute gibt es auch Mütter, die einen anderen Weg wählen: Sie entscheiden sich dafür, das begehrte Spielzeug nicht zu kaufen, und versuchen das Kind davon zu überzeugen, diese Entscheidung mitzutragen.

Diese Erziehung nenne ich **„harmonisierende Erziehung"**, weil die Eltern die Harmonie in der Familie um jeden Preis erhalten möchten. Einerseits möchten sie nicht jeden Wunsch des Kindes erfüllen, andererseits brauchen sie wegen ihres Harmoniebedürfnisses die Zustimmung des Kindes zu ihrer Entscheidung. Auch diese Eltern können den eigenen Willen des Kindes nicht respektieren. Sie wollen vom Kind, dass es seinen Willen aufgibt und den Willen der Eltern übernimmt. Diese Umformung des kindlichen Willens in der harmonisierenden Erziehung läuft subtil ab, nicht so offensichtlich laut und beherrschend wie im autoritären Stil.

So hört sich ein „harmonisierender Stil" an: *„Nein, ich kaufe das Schwert nicht, bitte sieh das ein! Du hast schon zwei Schwerter zu Hause in deinem Zimmer und mit einem dritten Schwert kannst du auch nicht besser spielen."*

Die Argumentierfähigkeiten zweijähriger Kinder sind schon überwältigend, wie viel mehr wird ein fünfjähriger Junge Argumente liefern können, wieso er gerade dieses

Schwert benötige und er es jetzt sofort kaufen wolle. Ein endloses Gespräch findet statt und meine Erfahrung hat gezeigt, dass Kinder mehr Lebenskraft und Ausdauer besitzen als Eltern. Meist enden dann solche Gespräche doch noch mit ungefähr folgendem Kommentar der Mutter: *„Jetzt sieh das doch endlich mal ein und hör auf, immer so gierig zu sein!"*

In der autoritären Erziehung haben Eltern versucht, den Willen des Kindes mit Strafen und Beschimpfungen zu verbieten, sogar zu brechen oder mit Belohnung gefügig zu machen. – In der harmonisierenden Erziehung versuchen viele Eltern ihre Kinder mit Worten davon zu überzeugen, dass die Kinder doch vernünftig sein und es endlich einsehen sollten. Die Eltern überreden die Kinder, so zu wollen, wie sie es wollen.

Beide Erziehungsstile, der alte autoritäre und der moderne harmonisierende, wollen Kinder bewegen, den Willen der Eltern zu übernehmen. Dabei denken die Eltern: *„Kind, habe bitte den gleichen Willen wie wir, die Eltern."*

Wie schon früher, so glauben auch heute Eltern, das Beste für ihre Kinder zu wollen. Aus diesem Grund konnte früher eine autoritäre Mutter das Kind verprügeln und dabei sagen: *„Ich schlage dich und glaub' mir, es ist nur für dein Bestes. Du weißt gar nicht, wie weh es mir tut, dass ich dich schlage. Ich könnte mit Schlagen sofort aufhören, wenn du nicht so ungehorsam wärst."*

Eine Mutter, die den harmonisierenden, überredenden Erziehungsstil anwendet, fleht fast weinend das eigene Kind an: *„Sieh es doch bitte, bitte ein, ich meine es nur gut für dich, sei bitte so gut oder so vernünftig!"* Auch hier verlangen Eltern, dass das Kind letztlich seinen Willen aufgibt und den elterlichen Willen übernimmt.

Das ist vom Ansatz her unmöglich, denn wo hat jemand erlebt, dass Kinder das einsehen, was Eltern für sie wollen. Es gehört zu unserem Menschsein, dass wir unseren Willen nur auf etwas richten können, wofür wir uns freiwillig entscheiden.

Wenn Kinder dem zwingenden oder überredenden Willen der Eltern folgen, dann tun sie es aus einer „unwilligen" Energie. Bei der **autoritären** Erziehung tun sie es aus Angst vor einer Strafe oder wegen einer Belohnung und bei der **harmonisierenden** Erziehung, weil sie das subtile Gedränge der Eltern satt haben und sich wünschen, dass die Mutter wieder fröhlich ist. Kinder leiden sehr, wenn sie glauben, sie seien der

Grund dafür, dass ihre Eltern traurig sind. Das erzählen mir häufig Kinder in meiner Praxis.

So erfuhr ich von einem Kind, das immer wieder zu Bauchschmerzen neigt, dass es sich so Sorgen wegen seiner schlechten Noten mache, weil der Vater immer nur dann fröhlich sei, wenn es gute Noten nach Hause bringe. Diese Anspannung führe dazu, dass es die Matheaufgaben in Klassenarbeiten nicht lösen könne, die es am Vortag noch konnte. Es würde die ganze Zeit daran denken, wie traurig der Vater werden würde, wenn die Mathenote schlecht wäre.

Eltern sind traurig, wenn ihr Kind eine bestimmte Erwartung nicht erfüllt. Im Falle der guten Noten geht es den Eltern dabei um die Sicherheit, dass dem Kind in Zukunft passende berufliche Möglichkeiten offen stehen. Dies wissen Kinder nicht. Als Mittelpunkt der Welt meint das Kind zunächst, es könne durch sein Verhalten Eltern fröhlich oder traurig machen.

Aus diesem Grund sage ich meinen Kindern immer wieder, wenn sie zögern, zu einer Bitte von mir Nein zu sagen: *„Du hast die Freiheit, jetzt Ja oder Nein zu sagen. Wenn ich danach enttäuscht bin, ist das mein Gefühl, weil ich bestimmte Erwartungen habe, wie ich mir was erfüllen möchte. Es gibt viele Wege, wie ich Lösungen für mich finden kann. Du bist nicht dafür verantwortlich. Ich kann gut für mich sorgen. Entscheide, was dir jetzt wichtig ist, aber nie danach, wie ich mich fühlen könnte!“*

Wie viel schöner ist es, wenn Kinder aus Freude und freiwillig handeln, denn diese Energie ist stark und lebendig.

Es brauchte Jahre, bis ich verstanden habe, dass Kinder ein Recht auf ihren eigenen Willen haben und ich diesen anerkennen und respektieren kann, ohne dafür verantwortlich zu sein, die Wünsche meiner Kinder sofort zu erfüllen.

Es ist sogar gut, dass Kinder einen eigenen Willen haben, denn wenn Eltern ihnen diesen Willen ausreden oder diesen Willen mit der autoritären Erziehung sogar verbieten, wie kann er in anderen Situationen stark sein? Wenn Kinder in der Gefahr stehen, Opfer zu werden, sind ihre Eltern froh, wenn jene Nein sagen können.

Es gibt heute Trainings für Kinder und auch für Erwachsene, die zum Ziel haben, Nein sagen zu lernen und den eigenen Willen lautstark auszudrücken. Diese Trainings könnten sich erübrigen, wenn Kinder von klein auf die Sicherheit in sich trügen, dass sie ihren Willen in jeder Situation ausdrücken dürfen. Im Übrigen würde diese Stärke Kinder auch vor möglichen Missbrauchssituationen schützen.

2.2 Der Wille des Kindes ist immer in Ordnung

Während ich das Kind in seinem Willen mit einem Nein begrenze, erkenne ich an, dass es einen anderen Willen hat als ich, und sage: *„Du willst es anders ...“*

Ich habe dabei die innere Haltung, dass der Wille des Kindes in Ordnung ist, und denke: *„Wenn du deinen Willen im Moment nicht leben kannst, entspricht dies der Realität des menschlichen Lebens, manchmal etwas zu wollen und es trotzdem momentan nicht zu bekommen.“*

Auch ich erlebe als Erwachsene, dass ich mir etwas wünsche und es nicht bekommen kann, weil mir z.B. mein Einkommen eine **äußere** Grenze setzt. Aus diesem Grund kann ich mir vielleicht ein Kleidungsstück nicht leisten. – Ich hätte noch die Möglichkeit, das Objekt, das ich begehre, trotzdem in Form eines Diebstahls mitzunehmen. Dort habe ich eine **innere** Grenze in Form meines Gewissens, welches mich an meine Werte wie Ehrlichkeit, Vertrauen und Verlässlichkeit erinnert.

Eltern übernehmen äußerlich die Instanz des Gewissens für das Kind, bis es selbst sein Gewissen innerlich entwickelt hat. Sie begrenzen das Kind stellvertretend.

Viele Eltern befürchten, wenn sie den kindlichen Willen anerkennen würden, würde das Kind tun und lassen, was es will. Dabei vergessen diese Eltern jedoch, dass Anerkennen des Willens nicht bedeutet, ihn auch zu erfüllen. Ich kann den kindlichen Willen anerkennen und gleichzeitig begrenzen. Diese Begrenzung ist jedoch etwas gänzlich anderes, als den Willen zu brechen.

Die autoritäre Erziehung hat wesentlich dazu beigetragen, dass Kinder gelernt haben, sich den Kriterien einer höheren Autorität zu unterwerfen, statt ihrem eigenen Gewissen zu folgen. Schon immer gab es einzelne Menschen, die ihrem Gewissen folgten, obwohl sie selbst Erziehung zum Gehorsam durchlebten. Zu diesen Menschen gehört z.B. Gandhi, der Unrecht benannte, ohne Menschen zu verurteilen.

Die Begrenztheit der Welt kann ich den Kindern nicht vorenthalten, ich kann sie aber in ihrem Frust an der Grenze einfühlend begleiten. Hier haben Kinder die Chance zu wachsen und Entwicklungsschritte zu vollziehen.

2.3 Nein Sagen

Bevor Leos Mutter antwortet, macht sie sich bewusst, dass ihr Nein zu dem Schwert bei Leo Rebellion auslösen wird. Sie prüft sich, ob sie die Willenskraft haben wird, diese Entscheidung gegenüber Leo durchzutragen, denn das könnte anstrengend werden.

Sie erwartet nicht von Leo, dass er selbst den Willen aufbringen wird, auf das Schwert zu verzichten. Sie akzeptiert, dass Leo sich im Moment nichts mehr wünscht, als dieses Schwert zu besitzen. Sie wird zu ihm sagen: *„Ist dir wichtig, dieses Schwert zu bekommen, weil du jetzt damit spielen willst? Ich sage Nein, weil ich meine, zwei Schwerter sind genug. Ich möchte mich mit dir zu Hause wohlfühlen und das gelingt mir besser, wenn der Raum zum Spielen übersichtlich bleibt."*

Sie erkennt sein Bedürfnis nach Spielen an und seine Vorstellung, dieses sei nur mit dem Kauf eines weiteren Schwertes zu erfüllen. Sie erwartet nicht von ihm, dass er selbst den Willen aufbringt, auf das Schwert zu verzichten. Diesen Part hat sie übernommen, indem sie aus Verantwortung für ihn eine **äußere** Grenze setzt. Jetzt braucht die Mutter die Kraft, den Schmerz des Kindes auszuhalten und es darin zu begleiten, anstatt ihn wegzutrösten. Sie nennt auch die Gründe für ihr Nein und lässt Leo wissen, welche Werte ihr wichtig sind.

Wenn Eltern Nein sagen lernen, fällt es ihnen schwer, das Bedürfnis des Kindes anzusprechen. Eltern machen die Erfahrung, wenn sie dem Bedürfnis des Kindes Raum geben und mit dem Herzen verstanden haben, was das Kind wirklich will, dann fällt es ihnen schwer, diesen Wunsch nicht zu erfüllen.

Kindliche Wünsche anzuerkennen und sie dennoch nicht zu erfüllen – dass das möglich ist, ist anfangs schwer zu begreifen. Wenn das Kind daraufhin rebelliert und den Eltern Vorwürfe macht, ist es noch schwerer, einfühlsam zu bleiben. In seinem lautstarken Frust braucht das Kind jedoch Einfühlung.

Die Nein-Entscheidung der Mutter wird Leo nicht begrüßen mit: *„Danke Mama, ich weiß, dass du immer so für mich sorgst und weißt, was für mich gut ist"*, sondern er wird stattdessen durch lautes Brüllen seinen Frust ausdrücken. Entsprechend dem Temperament des Kindes wird dieser Frust unterschiedlich intensiv ausfallen. Wenn ich mich als Mutter entschlossen habe, die Rebellion meines Kindes zuzulassen, wird es mir viel leichter fallen, währenddessen gelassen zu bleiben.

Leo weint und schreit eine Dreiviertelstunde mitten auf dem Markt und erregt die Aufmerksamkeit vieler vorbeigehender Menschen, die die Situation reichlich kommentieren. Leos Mutter hat gelernt, sich auf ihr Kind zu konzentrieren, statt sich Gedanken darüber zu machen, wie sie 100 Sonntagsspaziergänger zufriedenstellen kann.

Sie weiß, dass dies unmöglich ist. Sie sagt zu Leo: *„Bist du so wütend, weil du überzeugt bist, dass du auf jeden Fall dieses Schwert brauchst?“*

Diese Art von Einfühlung wiederholt sie mehrfach und das kann sich folgendermaßen anhören:
Leo: *„Du bist die blödeste Mama auf Erden.“*
Mutter: *„Du sagst blöde Mama. Bist du ganz frustriert, weil du dir in dem Moment eine Mama wünschst, die dir alle deine Wünsche erfüllt?“*
Leo: *„Ja, Peters Mama hat auch ein Schwert gekauft.“*
Mutter: *„Bist du traurig, weil du dir eine Mama wünschst, die das Schwert kauft, wie die von Peter?“*
Leo: *„Ja genau, ich will, dass Peters Mama meine Mama ist.“*
Mutter: *„Bist du so wütend, dass du sogar die Mama tauschen willst?*
Leo: *„Du bräuchtest mir nur das Schwert zu kaufen, dann würde ich auch bei dir bleiben.“*
Mutter: *„Bist du traurig, weil du bei mir bleiben willst, und das kannst du nur, wenn ich dir das Schwert kaufe?“*
Leo: *„Ja, du musst mir ein Schwert kaufen!“*
Mutter: *„Bist du ganz frustriert und hilflos, weil du genau weißt, was deinem Leben gut tut, und willst du selbst entscheiden, was du kaufen möchtest?“*

Nachdem Leo Einfühlung von seiner Mutter bekommen hat, ist er offen, nach den Beweggründen der Mutter zu fragen, erkennbar an den Worten: *„Ja, und warum kaufst du es mir nicht?*

Bevor die Mutter ihre Sichtweise weitergibt, kann sie sich vergewissern, ob Leo wirklich schon bereit ist ihr zuzuhören, indem sie ihn fragt: *„Dein Zorn ist so groß, gibt es noch etwas, was du mir mitteilen möchtest, bevor ich dir antworte?“*

Vielleicht wird Leo den gleichen Schmerz nochmals aus sich herausweinen oder er fängt an von einem noch tieferen Schmerz zu reden, z.B.: *„... und meiner Schwester kaufst du alles, die hast du viel lieber als mich.“* Erst wenn er für seinen Schmerz Raum hatte, kann er der Mutter zuhören.

Leos Mutter kann erneut ihr Bedürfnis nach Übersicht im Kinderzimmer nennen. Sie braucht nicht darauf zu warten, dass er sagt: *„Ach so, jetzt verstehe ich.“* Wahrscheinlich wird er die Einsicht seiner Mutter ablehnen. Und vermutlich braucht er weiter Einfühlung – vielleicht will er im Arm gehalten werden. Vielleicht schlägt er auch wütend um sich und greift alles an, was im Weg liegt.

Einfühlung bedeutet, das Gefühl des Schmerzes, welches in Leo lebendig ist, zu begleiten. Die Mutter wird manchmal sagen: *„Nein, geschlagen wird nicht.“*

Erneut wird sie Einfühlung anbieten und sagen: *„Bist du wirklich wütend, weil du selbst über dein Leben bestimmen möchtest? Bist du verzweifelt, ohnmächtig und hilflos, weil Spielen für dich wichtig ist, und das kannst du im Moment nur mit diesem Schwert?“*

Empathisch begleiten heißt, das Gefühl des Kindes und seine ungestillten Bedürfnisse erfragen. Würde die Mutter sagen: *„Ich verstehe, dass du traurig bist!"*, würde keine Empathie entstehen.

Der Begriff „Verstehen" drückt aus, dass Eltern noch mit dem Verstand ein Gefühl erfassen. Die Gefühle befinden sich nicht im Kopf, sondern im Herzen und es gilt mit dem Herzen den Schmerz des Kindes zu begleiten. Den Unterschied können Kinder wahrnehmen. Die Herzensbegegnung ist warmherzig, der Verstand ist kühl.

Nach scheinbar endlos langer Zeit verwandelt sich das laute Schreien in lautes Schluchzen und langsam, langsam fängt Leo an, die Realität zu akzeptieren. Mit finsterem Gesicht und seltener werdenden Schluchzern geht er an der Hand seiner Mutter nach Hause. Leos Mutter beobachtet, dass er nach einiger Zeit in seinem Kinderzimmer anfängt zu spielen. Er spielt mit seinen zwei Schwertern, die einige Monate unberührt in der Ecke lagen.

Derartige Situationen, in denen Eltern dem Kind Empathie geben, können bis zu zwei Stunden dauern und der Schmerz kann bei einem Kind im Extremfall über eine Woche lang immer wieder aufflammen. Wichtig ist dabei die empathische Grundhaltung der Eltern dem Kind gegenüber. Diese vermittelt dem Kind die Gewissheit, dass es als eigenständiger Mensch mit eigenem Willen von den Eltern akzeptiert wird.

2.4 Zusammenfassung

Eltern setzen da Grenzen, wo sie noch Verantwortung für das Leben ihrer Kinder tragen. Nach und nach übergeben die Eltern ihren Kindern Eigenverantwortung. Es gehört zur Kunst des Elternseins, den optimalen Zeitpunkt dafür zu finden. Hilfreich ist dabei sowohl der Austausch mit anderen Eltern wie auch der Dialog mit den eigenen Kindern.

In Teil I habe ich dargestellt, dass das kindliche Wollen immer in Ordnung ist und von den Eltern respektiert werden sollte. Wenn das Kind jedoch sich oder eine andere Person in Gefahr bringt, setzen die Eltern dem Kind Grenzen – dennoch respektieren sie den kindlichen Willen.

In Teil II geht es nachfolgend darum, dass die Eltern etwas wollen und das Kind dazu Nein sagt. Auch in diesen Situationen hat der eigene Wille des Kindes seine volle Berechtigung. Es wird in Teil II Antworten geben auf Fragen der Eltern, z.B. wie sie ihr kleines Kind ins Bett bringen können, obwohl es nicht will, und ob sie ein größeres Kind bewegen können, Sprudel aus dem Keller zu holen.

Teil II:

Die Eltern wollen – das Kind sagt Nein

Eltern erbitten Mitarbeit vom Kind

Die Mitarbeit des Kindes, die Eltern wünschen, kann in zwei Kategorien unterteilt werden:

1. Das Kind wird gebeten, sich von einem Ort zum anderen zu bewegen

Beispiele für solche Situationen können sein:

- ins Bett gehen,
- im Supermarkt vom Regal mit den Süßigkeiten zur Kasse gehen,
- von der Tapete, die das Kind bemalt, zum Malblock gehen,
- mit der Schaufel voll Sand vom Kinderbett in die Sandkiste gehen,
- mit der Gießkanne voll Wasser vom Teppich in den Garten gehen,
- sich ins Autostühlchen setzen.

Es ist möglich, dass das Kind in diesen Situationen selber geht, wenn es die Aufforderung der Eltern hört, oder es könnte auch gegen seinen Willen von den Eltern an den anderen Ort getragen werden. Die Eltern bewegen stellvertretend das Kind mit ihrer überlegenen Kraft. Es ist die stellvertretende Kraft der Eltern, die das Kind bewegt. Die schützende Kraft begrenzt das Kind in seinem Handeln durch ein Nein, wie im Teil I beschrieben. Daran anschließend bewegt die stellvertretende Kraft der Eltern das Kind vom „Gefahrenort“ weg zu einem anderen Ort. Für diese Bewegung braucht es nicht die Willenskraft des Kindes – das Kind kann, während es getragen wird, auch anders wollen. Die Motivation der Eltern ist wie bei der schützenden Kraft die Einsicht in die Lebenszusammenhänge, die das Kind noch nicht hat. Eltern übernehmen die Verantwortung für das Kind, um das Kind selbst oder die Gemeinschaft zu schützen.

Etwas anderes ist es, wenn die Eltern um die aktive Mitarbeit des Kindes bitten:

2. Das Kind wird gebeten, etwas selbst zu tun oder zu unterlassen

Beispiele für solche Situationen können sein:

- *Sprudel aus dem Keller holen,*
- *den Mülleimer rausbringen,*
- *den Geschirrspüler ausräumen,*
- *den Tisch decken,*
- *Hausaufgaben machen,*
- *das Wort, das mit A anfängt, nicht zum Bruder sagen,*
- *„Bitte“ sagen, wenn es die Butter haben möchte,*
- *Vokabeln üben,*
- *das Essen in den Mund nehmen und runterschlucken.*

Dieses Handeln ist abhängig vom höchstpersönlichen Willen im Tun, Sprechen oder Unterlassen des Kindes. Höchstpersönliches Verhalten entspricht im juristischen Sinn einer nicht vertretbaren Handlung, wie es eine Eheschließung oder das Aufsetzen eines Testaments darstellt. Wenn Eltern ihr Kind zum höchstpersönlichen Handeln bewegen wollen, können sie es nur mit Gewalt tun, wenn das Kind sich nicht entschieden hat, es selbst freiwillig zu tun. Die Gewalt, die direkt oder indirekt über Generationen von Eltern angewendet wurde, ist eine **zwingende Kraft,** die ich grundsätzlich ablehne. Es gibt dennoch Möglichkeiten, gegenseitige Hilfe zu erfahren, wobei diese ohne Zwang auch von Kindern gern gegeben wird.

Wie Eltern die freiwillige Hilfe ihrer Kinder erfahren können, möchte ich ab Kapitel 5 beschreiben. Zunächst möchte ich hier der stellvertretenden Kraft Raum geben.

3. Stellvertretende Kraft: das Kind ins Bett tragen

Wenn jemand stellvertretende Kraft anwendet, trägt der die Verantwortung, der den anderen bewegt, und nicht der, der getragen wird. Dieser verhält sich passiv oder kann sich gegen die Aktion wehren.

Eltern, die stellvertretende Kraft anwenden, übernehmen aktiv die Verantwortung für ihr Kind und bestimmen mit ihrem Willen letztlich in dieser Situation über sein Leben. Gleichzeitig erkennen sie den kindlichen Willen mit einfühlenden Worten an, der im Moment nicht umgesetzt werden darf. – An einem Beispiel möchte ich den Unterschied zwischen stellvertretender und zwingender Kraft aufzeigen: Stellen Sie sich vor, dass eine Schaufensterscheibe eingeschlagen wurde.

Die **zwingende Kraft** liegt dann vor, wenn ein Mensch hierzu gezwungen wurde. Ihm wurde gleichzeitig Prügel für den Fall angedroht, wenn er die Scheibe nicht einschlägt. Aus Angst um sein Leben nimmt er den Stein und zerstört die Scheibe. Dabei wurde er mit seinem eigenen Willen tätig.

Oder Eltern sagen zu ihrem Kind: „Wenn du nicht ins Bett gehst, dann lesen wir dir keine Geschichte vor." Das Kind geht dann ins Bett (obwohl es lieber spielen will), weil es den Willen der Eltern übernommen hat. Die Motivation zur Übernahme des elterlichen Willens ist die Angst, auf die geliebte Geschichte verzichten zu müssen.

Von der **stellvertretenden Kraft** wird gesprochen, wenn eine Scheibe zerbricht, weil ein Mensch von jemand anderem hineingeschubst wurde. Der Geschubste wurde nicht mit seinem eigenen Willen tätig, sondern durch den stellvertretenden Willen eines anderen Menschen, der ihn gestoßen hat.

Eltern tragen das Kind mit ihrem Willen ins Bett und erkennen den Willen ihres Kindes, spielen zu wollen, an. Es darf seinen Willen behalten, nur momentan nicht umsetzen.

Da ich meine Kinder gewaltfrei zum Leben begleiten möchte, ist mir der Unterschied zwischen zwingender und stellvertretender Kraft hilfreich.

Die stellvertretende Kraft wird von Eltern bei einem „kleinen" Kind angewendet, das noch keine Verantwortung für die Folgen seines Handelns tragen kann. Sie endet in Situationen, in denen das „große" Kind Verantwortung für die Folgen

seines Handelns übernehmen kann. – Die zwingende Kraft hat im Umgang mit Kindern keinen Platz, und zwar unabhängig davon, ob ein Kind „groß" oder „klein" ist.

Wo das Kind noch keine Einsicht in die Lebenszusammenhänge hat, tragen die Eltern die Verantwortung, um das Kind zu schützen. Es kann bis zu einem bestimmten Alter noch nicht wissen, dass das Überqueren einer befahrenen Straße lebensgefährlich ist. Die Eltern übernehmen gegen den augenblicklichen Willen des Kindes, das selbst über die Straße möchte, die **Führung**, indem sie **handeln** und das Kind festhalten (**schützende Kraft**) und von der befahrenen Straße wegtragen (**stellvertretende Kraft**).

Im Deutschen hat der Begriff „Führung" einen negativen Beigeschmack, der aus einer Zeit stammt, wo andere Menschen sich anmaßten, Führung über das Leben erwachsener Menschen zu übernehmen. Wenn ich hier von Führung rede, dann meine ich, Eltern übernehmen Verantwortung für ein minderjähriges Kind, das aufgrund seiner geringeren Lebenserfahrung in bestimmten Situationen noch keine Einsicht hat und deshalb nicht selbst die Verantwortung für sein Leben tragen kann.

Kinder vertrauen sich ihren Eltern an wie ein Wanderer, der sich von einem einheimischen Bergführer über einen Gletscher führen lassen möchte. Der Bergführer hat mehr Erfahrung als der Wanderer und er wird dem Wanderer sagen, wie er sich verhalten soll, um sicher über den Gletscher zu kommen. Wenn der Wanderer auf seinem Weg zwischenzeitlich eigene Erfahrung gesammelt hat und selbstständig Wegabschnitte gehen möchte, wird der Bergführer ihm dort Freiraum geben, wo das Gelände sicher ist. In gefährlichem Gebiet wird der Bergführer vom Wanderer verlangen, dass dieser den genau von ihm vorgegebenen Weg geht, gegebenenfalls indem er den Wanderer gegen dessen Willen an sich anseilt, damit dieser nicht abstürzt. So band ein Freund von uns einen herumirrenden Bergsteiger auf dem Mt. Everest gegen seinen Willen an sich fest und zerrte ihn in tiefere Luftschichten. Er rettete ihm das Leben, da er in großer Höhe unter Sauerstoffmangel litt, verwirrt war und wahrscheinlich orientierungslos abgestürzt wäre.

In der Begleitung von „kleinen" Kindern ist es notwendig, die stellvertretende Kraft anzuwenden im Sinne von: „Kind, ich begrenze dich hier und trage dich weg und sage Nein zu deinem gegenwärtigen Tun. Ich übe diese stellvertretende Kraft aus, solange du die Konsequenzen deines Handelns noch nicht tragen kannst und ich an deiner Stelle die Verantwortung für dein Leben habe." Die stellvertretende Kraft tritt immer in Verbindung mit der schützenden Kraft auf: Ich begrenze das Kind und bewege es zusätzlich an einen anderen Ort.

Da, wo das Kind Einsicht in die Lebenszusammenhänge gewonnen hat, übergebe ich ihm die Verantwortung für sein Leben und werde nicht mehr im Sinne der stellvertretenden Kraft handeln. Jeder erwachsene Mensch, der Einsicht in die Lebenszusammenhänge hat, trägt für sich selbst Verantwortung.

In Situationen, in denen das „kleine“ Kind aufgrund seiner mangelnden Lebenserfahrung die Lebenszusammenhänge noch nicht verstehen kann, handeln Eltern und erklären dabei die Welt und ihr Tun. Das Kind wäre damit überfordert, manche Entscheidung selbst zu treffen. Handeln bedeutet hier, dass Eltern die Verantwortung für das Leben des Kindes übernehmen und für das Kind stellvertretend entscheiden.

Eltern entscheiden für das Kind unter Umständen gegen seinen Willen, aber ohne diesen zu brechen. Das Kind wird nicht gezwungen, seinen Willen aufzugeben – es kann ihn aber nicht umsetzen.

In Situationen, wo für das Kind körperliche Gefahr droht, ist es leicht nachvollziehbar, dass es Sinn macht, das Kind zu begrenzen: das heißt zum Beispiel es festzuhalten und wegzutragen, wenn es auf die befahrene Straße laufen will.

Das Verhalten des Kindes kann aber nicht nur sein eigenes Leben in Gefahr bringen, sondern auch das gemeinschaftliche Zusammenleben erheblich erschüttern, wenn nicht sogar bedrohen. Die Gemeinschaft um das Kind herum muss überleben können, ansonsten ist die Lebensgrundlage für das Kind in Gefahr. So wie das Kind bis zu einem bestimmten Alter die Gefahren des Straßenverkehrs nicht einschätzen kann, kann es manche Auswirkungen seines Verhaltens auf die Gemeinschaft noch nicht erkennen. In diesen Situationen tragen die Eltern die Verantwortung für die Gemeinschaft, begrenzen das Kind und bringen es gegen seinen Willen in eine andere Situation.

3.1 Eltern handeln für das Kind

Dass es für Eltern hilfreich ist, „stellvertretend" für das Kind zu handeln, wurde mir erst klar, nachdem ich einige Elterntrainings gehalten habe. Diese Trainings hatten damals die Ideen von Thomas Gordon zur Grundlage, es ging um ein Zusammenleben mit Kindern ohne Strafe. Eine Teilnehmerin meines Elterntrainings gab mir einige Wochen nach dem Training folgende Rückmeldung: „Bei mir klappt das mit dem ‚Gordon' nicht, heute Morgen habe ich mit meinem zw*eijährigen Kind anderthalb Stunden diskutiert und ihm Einfühlung gegeben, ob es nun das rosa oder blaue Kleidchen anziehen möchte. Ich habe dann leider meinen Arzttermin verpasst.*"

Eine identische Erfahrung habe ich mit meinen kleinsten Kindern auch gemacht. Ich redete und redete über meine Bedürfnisse, ich erklärte und erklärte und nannte die Bedürfnisse meiner Tochter. Meine zweijährige Tochter wusste immer noch etwas zu ergänzen, sie spielte weiter und ich wurde immer nervöser, weil ich einen wichtigen Termin hatte. Ich erklärte ihr, wie wichtig mir Zuverlässigkeit und dies und das aus meiner Erwachsenenwelt sei, und bat sie, sich jetzt ganz schnell die Jacke und die Schuhe anzuziehen. Ich nannte ihr Bedürfnis nach Spielen und erriet andere Bedürfnisse. Zum Schluss, ich war kurz vor dem Platzen, schrie ich sie an, dass ich nun nicht länger warten könne. Sie heulte und ich war ganz erschrocken über meine eigenen Schreiattacken.

Aus der Spirale „reden und dann schreien" fand ich erst heraus, nachdem ich das **Handeln mit Reden** entdeckte in den Situationen, wo kleine Kinder die Erkenntnis über Lebenszusammenhänge noch nicht haben und die Konsequenzen, die sich daraus ergeben, noch nicht tragen können. Erzieherinnen bestätigen mir, dass auch sie beobachten, dass Kinder „muttertaub" werden, wenn Eltern ihren Kindern jede Handlung „vernünftig" erklären. Eine Erzieherin meinte: *„Diese Kinder werden totgequatscht und nehmen die Mutter nicht mehr wahr."*

Dann hört es sich folgendermaßen an, wenn eine Mutter so mit ihrer vierjährigen Tochter spricht: *„Schau, du läufst barfuß, das ist gar nicht so gut, denn du kannst dich erkälten und dann bist du krank und kannst nicht mehr in den Kindergarten gehen – mir ist deine Gesundheit wichtig. Du gehst doch so gern in den Kindergarten. Bist du fröhlich, weil du gern barfüßig herumspringst? Ich sehe dich ohne Hausschuhe und jetzt bin ich besorgt, weil mir deine Gesundheit wichtig ist. Könntest du bitte vielleicht nicht mal deine Hausschuhe jetzt anziehen?"*

Wenn die Mutter den Kindergarten verlassen hat, reagieren die gleichen Kinder meist auf klare Anweisungen der Erzieherinnen und ziehen die Schuhe an: *„Jetzt ziehst du die Hausschuhe an, deine Füße brauchen Wärme!"*

Wenn das Kind nicht reagiert, geht die betreuende Person hin, nimmt die Hausschuhe und zieht sie dem Kind mit ihrer stellvertretenden Kraft an: *„Du darfst sie selber anziehen, ich kann dir auch helfen.“*

Wenn sich das Kind jetzt schreiend auf den Boden wirft, sagt die betreuende Person: *„Bist du wütend, weil du selber über dein Leben entscheiden möchtest?“*
Mädchen: *„Ja, nie will ich diese doofen Schuhe anziehen, die von Clara sind viel schöner.“*

Das Kind bekommt einfühlende Worte für seine Wahrnehmung und den daraus entstehenden Schmerz. In dem Gespräch kann sich entwickeln, dass sich das Mädchen darauf einläßt, die Schuhe anzuziehen, auch wenn sie unbequem und hässlich zugleich sind, und dass sie später gemeinsam mit der Mutter darüber sprechen werden.

In einem Konflikt mit einem zweijährigen Kind braucht es die Handlung der Eltern. Das Kind will spielen, der Mutter ist Zuverlässigkeit wichtig, sie möchte ihren Arzttermin pünktlich erreichen. Irgendwann kommt der Punkt im Leben eines jeden Kindes, wo es in seiner Erkenntnis vom Nichtwissen zum Wissen wechselt. Ab welchem Lebensalter kann ein Kind verstehen, was Zuverlässigkeit und ein pünktliches Erscheinen bei einem Arzt bedeuten? Das lineare Zeitgedächtnis entwickelt sich im Alter zwischen drei und fünf Jahren.

Fragen Sie doch einmal ein dreijähriges Kind, was es heute im Kindergarten gemacht hat. Wenn überhaupt eine Antwort kommt, dann werden Sie verwundert feststellen, dass dieses Ereignis, von dem Ihr Kind lebendig berichtet, schon vor 14 Tagen oder vor einem halben Jahr stattgefunden hat. Kinder leben im Jetzt ohne Bewusstsein von Vergangenheit und Zukunft. Das Kind hat ein Bewusstsein von dem, was es gerade tut. Wenn es Erinnertes erzählt, dann spricht es so, als ob es dieses gerade wieder erleben würde. Es gibt also einen Entwicklungszustand, in welchem ein kleines Kind auch bei allem guten Willen kein Verständnis für wichtige Termine der Mutter aufbringen kann. Aus diesem Grund kann es auch nicht begreifen, was Zuverlässigkeit für die Mutter bedeutet.

Ein Verständnis von Zuverlässigkeit entwickelt das Kind dadurch, dass es sie erlebt: Es erfährt, dass seine Eltern sich regelmäßig um seine Bedürfnisse kümmern, und es beobachtet, wie die Eltern gegenüber anderen Menschen oder eventuell auch Tieren und Pflanzen zuverlässig handeln.

Wäre das Kind bereits zwölf Jahre alt und damit groß genug, um die Konsequenzen seines Handelns zu tragen, könnte dieses Kind allein zu Hause bleiben, falls es sich nicht anzieht. Diese Möglichkeit besteht für ein zweijähriges Kind nicht. Um zum Arzt zu kommen, braucht die Mutter ein angezogenes Kind. Sie beginnt stellvertretend für das Kind zu handeln, indem sie das Kind anzieht. Erklärungen werden allenfalls gegeben, um die Welt zu beschreiben, und Bedürfnisse werden benannt, um sie beim Namen kennenzulernen, nicht aber, um dadurch Verständnis und Zustimmung des Kindes zu erreichen. Das Verständnis für Zuverlässigkeit ist noch nicht vorhanden, es wird sich entwickeln, wenn Eltern zuverlässig handeln.

Das Verständnis für Werte und Bedürfnisse entwickelt sich erst. Auch wenn jedes Bedürfnis von Geburt an vorhanden ist, entwickelt sich das verstandesmäßige Bewusstsein hierfür erst im Laufe des Lebens. So ist das Bedürfnis „zu überleben" von Anfang an vorhanden. Das Bewusstsein, was dafür nötig ist, wie gesunde Ernährung, frische Luft zum Atmen und regelmäßige Bewegung des Körpers, entwickelt sich erst. Das Kind kann zwar selbst schlucken und atmen, aber die Eltern sorgen für gesunde Nahrung und frische Luft.

Das Kind erfährt durch das Tun der Eltern, später durch Freunde und Lehrer verschiedene Strategien, um sich seine Bedürfnisse zu erfüllen. Erst wenn es seine Bedürfnisse und verschiedene Strategien kennt, die ihm guttun, kann es selbst wählen. Hunger kann mit Reis oder Brot gestillt werden. Eine Wahl kann erst getroffen werden, wenn der Geschmack von Brot und Reis bekannt ist. Erst dann macht es Sinn, das Kind wählen zu lassen.

In der Zeit bevor das Ich-Bewusstsein sich vollständig entwickelt hat, orientieren sich Kinder an den Eltern. Sie ahmen sie nach und brauchen in Entscheidungssituationen ihre Hilfe, weil Kinder in unbekannten Situationen noch nicht wissen, was ihnen guttut.

··➝ Ich will das rosa Kleidchen! – Selber entscheiden oder pünktlich sein?

Das Kind kann sich nicht entscheiden, ob es das rosa oder das blaue Kleidchen anzieht, die Mutter will jedoch pünktlich zum Arzttermin kommen. Also sagt die Mutter: *„Gefallen dir beide Kleidchen, das rosa und das blaue und brauchst du Zeit um herauszufinden, welches du gerade lieber anziehen möchtest? Jetzt entscheide ich, dass du das blaue Kleidchen anziehst, weil wir zum Arzt gehen, und zwar sofort, und ich will pünktlich sein. Morgen darfst du dir viel Zeit lassen beim Aussuchen, heute nicht!"*

Die Mutter nimmt das blaue Kleid und zieht es der Tochter an und begleitet das heftig protestierende Kind mitfühlend: *„Bist du jetzt richtig zornig und wütend, weil du selber entscheiden möchtest, was du anziehst? Ja? Wünschst du dir jetzt, dass Mama dich in Ruhe lässt, weil du zu Hause bleiben möchtest? Ich sage trotzdem Nein, dieses Kleid ziehe ich dir jetzt an und dann gehen wir sofort, weil ich pünktlich beim Doktor sein möchte."*

Sie trägt das schreiende und vielleicht halb angezogene Kind in den Kinderwagen und ganz nach Temperament wird das Kind weiter zürnen und benötigt weitere Einfühlung oder es wird anfangen, im Kinderwagen zu spielen.

Letztlich hat die Mutter Nein gesagt zu dem, was das Kind wollte, und gleichzeitig mit einfühlsamen Worten anerkannt, dass sein Wille in Ordnung ist. Die Mutter trägt die Verantwortung für ihre eigene Zuverlässigkeit und da das Kind in diesem Alter auf die

Mutter angewiesen ist, kann sie es nur mitnehmen. Mutter und Kind bilden eine soziale Einheit. Auf die Erhaltung dieser Einheit achtet die Mutter. Indem sie für ihre Bedürfnisse sorgt, sorgt sie gleichzeitig für die gesunde Erhaltung der Einheit von Mutter und Kind, auf die das Kind angewiesen ist.

Eine Mutter, die das Weinen ihres Kindes nicht ertragen kann und deshalb auf die Versorgung ihrer eigenen Bedürfnisse verzichtet, gefährdet letztlich den sozialen Boden, auf den das Kind lebensnotwendig angewiesen ist.

Die Bedürfnisse des Kindes sind wichtig, es gibt aber Situationen, in denen diese Bedürfnisse nicht auf dem Weg oder zu dem Zeitpunkt gestillt werden können, wie es das Kind möchte, weil die Folgen, die soziale Einheit von Eltern und Kind, damit gefährdet werden könnten. Wenn Eltern zusammenbrechen, weil sie aus lauter Sorge für die Bedürfnisse ihres Kindes nicht mehr für ihre eigenen Bedürfnisse sorgen können, gefährden sie letztlich diese soziale Einheit. Kleine Kinder brauchen eine klare Orientierung, und die bekommen sie, wenn Eltern sagen: *„So machen wir das jetzt!“*

3.2 Eltern entscheiden für das Kind: Villinger Fasnet?

Meine vierjährige Tochter ist abends zu Hause nach einem Tag alemannischer Fasnet müde. Ich selber will aber noch ihre zwei Geschwister von einem Treffpunkt in der Stadt abholen. „Ich will mit", ruft sie. Es war ein schöner Tag und sie kann von der Fasnet nicht genug bekommen. Wenn ich sie jetzt mitnehme, werde ich sie nach kürzester Zeit auf den Arm nehmen müssen, weil sie zu müde zum Laufen ist. Ich weiß, dass sie keine 300 Meter mehr laufen wird und ich bin dann am Ende meiner Kräfte, denn ich war ebenfalls den ganzen Tag auf der Straße. „Nein, du bleibst hier bei Vater, Mutter weiß, deine Beine sind müde und brauchen jetzt Ausruhzeit." Laut schreiend kann sie mir erklären, wie wach sie noch sei, wie gut sie laufen könne und ganz sicher ...! Ich begleite ihr Weinen, weil sie anders will als sie darf, indem ich ihren Willen mit einfühlsamen Worten anerkenne, ohne diesem stattzugeben: *„Deine Brüder warten unten am Fluss, das sind zwei Kilometer, zu weit für müde Beinchen zum Laufen. Mir ist wichtig, dass ich deine Brüder pünktlich abholen kann, weil sie sich darauf verlassen. Ich habe es ihnen versprochen. Nein, du bleibst beim Papa. Bist du traurig, weil du so gern mitkommen möchtest?"*

Auch wenn sie mir nun erklären wird, dass sie schnell rennen wird, bleibe ich bei meinem Nein und mute ihr den seelischen Schmerz zu, der entsteht, weil sie nicht mitgehen darf. Ich erwarte nicht, dass sie meine Entscheidung versteht, weil sie in diesem Moment tatsächlich davon überzeugt ist, dass sie genügend Kraft hat, mich zu begleiten.

Ich übergebe sie in die Arme ihres Vaters, der zum Glück anwesend ist. Später erfahre ich, dass sie noch zwei Minuten schrie und dann zufrieden und singend anfing zu spielen. Kurze Zeit später konnte ihr Vater ein glückliches, müdes Kind ins Bett legen.

Den Willen des Kindes zu erkennen und zu erfragen, bedeutet nicht gleichzeitig, dem Willen des Kindes Raum zu geben.

Natürlich ist es hilfreich für ein Kind, wenn es selber Erfahrungen sammeln kann. Aus diesem Grund hätte es den Erfahrungsschatz meiner Tochter erweitert (nachdem sie überzeugt war, ihre Beine seien ganz wach) zu sehen, wieweit sie dann tatsächlich laufen kann: vielleicht 200 Meter oder sogar einen Kilometer oder mit viel Anstrengung die gesamten zwei Kilometer.

Erfahrungen kann ein Kind da sammeln, wo Raum und Zeit vorhanden sind. In dieser Situation war die Zeit nicht vorhanden, da ich meine beiden anderen Kinder pünktlich am verabredeten Treffpunkt abholen wollte.

Wäre ich beispielsweise zu einem Blumenladen gegangen, um dort einen Geschenkgutschein einzulösen (der auch am nächsten Tag eingelöst werden könnte), wäre ich mit meiner vierjährigen Tochter losgegangen. Ich hätte dann angekündigt, dass sie mich gern begleiten könne, ich sie aber wegen meines empfindlichen Rückens nicht tragen werde. Wäre sie nach 300 Metern dann erwartungsgemäß müde geworden, dann hätten wir umkehren können und sie wäre um eine Erfahrung reicher gewesen:
Tochter: *„Mutter, ich bin doch müde, kannst du mich jetzt tragen?"*
Mutter: *„Nein, mein Rücken ist auch müde, wir laufen zurück. Gut, dass du jetzt weißt, dass nach einem langen Tag unterwegs am Abend die Beine schneller müde werden und sich erst wieder eine Nacht lang ausruhen müssen, bevor sie wieder lange Wege gehen können."*

Ich habe mir als Mutter oft gewünscht, dass ich für jedes meiner vier Kinder genügend Zeit, Raum und vor allem unendlich Geduld hätte, um jedem Kind statt Erklärungen reichlich Erfahrung geben zu können. Meine eigene menschliche Begrenztheit brachte mich jedoch immer wieder in Situationen, in welchen das Kind mehr gebraucht hätte, als ich ihm aktuell geben konnte.

In einer Zeit, in der ich meine menschliche Begrenztheit noch nicht wahrhaben wollte, habe ich mich manches Mal überfordert und damit auch mein Kind. Die obige Situation hätte dann so ausgesehen: Nachdem meine Tochter mir erklärt hätte, dass sie noch nicht müde sei und bestimmt noch ganz weit laufen könne, hätte ich zunächst versucht, sie mit Hilfe von Erklärungen zu überzeugen, dass es besser für sie sei, zu Hause zu bleiben, weil ihre Beine doch müde seien. Nachdem sie mich dann überzeugt hätte, dass sie noch ganz weit laufen könne, hätte ich mit ihr einen Vertrag abgeschlossen, sie solle mir zustimmen, dass ich sie auf keinen Fall tragen werde. Sie hätte dem sicher zugestimmt, weil ein vierjähriges Mädchen in dem Moment wirklich davon überzeugt ist, dass es mindestens noch zehn Kilometer laufen kann.

Welches Bewusstsein hat ein vierjähriges Mädchen von einer Zehn-Kilometer-Distanz? Da der Wunsch groß ist, mit der Mutter zusammenzubleiben und nochmals mit ihr gemeinsam die alemannische Fastnet zu erleben, sind die müden Beine im Moment wirklich nicht zu spüren. Sie hätte mir zugestimmt und mir noch versprochen, dass sie auf keinen Fall auf meinen Arm will.

Nach 300 Metern wäre genau das passiert, was ich durch meine Lebenserfahrung schon ahnen kann: Meine Tochter hätte doch gemeint, dass sie müde sei, und alle Versprechungen wären vergessen. Sie hätte geschrieen: *„Ich will jetzt sofort auf deinen Arm, meine Beine sind doch müde, du hattest doch recht!"*
Mutter: *„Du hast mir doch versprochen, dass du laufen willst, wieso kannst du dich nicht an dein Versprechen erinnern?"*

Nachdem sie fünf Minuten geweint und sich vielleicht auf die Erde gesetzt hätte, hätte ich sie entnervt auf den Arm genommen – begleitet von folgender Moralpredigt: *„Nie kannst du auf Mutter hören, immer musst du deinen Willen durchsetzen, zukünftig wirst du aber das tun, was ich von dir will.“*

Ich hätte dem Kind vorgeworfen, was es aufgrund seiner bescheidenen Lebenserfahrung noch nicht wissen konnte: Ich hätte dem Kind die Verantwortung gegeben, die es selbst noch gar nicht tragen kann. Verantwortung kann ein Mensch nur für die Lebensbereiche tragen, die er selbst schon erfassen kann.

In dieser Situation kann das Kind die Verantwortung für sein Handeln nicht tragen, sondern allein die Mutter. Aus dieser Verantwortung heraus entscheidet die Mutter für das Kind und bestimmt, dass das Kind zu Hause bleibt, obwohl es lieber mitgehen will. Der Wille des Kindes mitzugehen, wird nicht infrage gestellt. Der Schmerz, der entsteht, weil das Kind momentan seinen Willen nicht leben kann, wie es möchte, wird von der Mutter anerkannt: *„Bist du ganz traurig, weil du selber über dein Leben entscheiden möchtest?“*

Diese Trauer wahrzunehmen und auch anzusprechen, ist nach der Erziehungserfahrung der letzten Generationen ungewöhnlich. In dieser Erziehung wurde der Schmerz ignoriert nach dem Motto: *„Reiß dich zusammen, mach hier nicht so ein Theater, sei endlich wieder fröhlich und dankbar! Ich meine es doch nur gut mit dir.“* Oder aber ein Kind lernte sich verantwortlich zu fühlen für den Schmerz eines anderen Menschen. In der Erziehung drückte sich das so aus: *„Wein doch bitte nicht mehr, ich meine es doch nur gut mit dir. Entschuldige bitte, hier nimm ein Stück Schokolade, dann geht es dir bestimmt wieder besser.“*

Wenn Eltern Empathie kennenlernen, meinen sie missverständlich zu hören, ich rate ihnen, dem Verhalten des Kindes zuzustimmen. So auch in der Situation, als das dreijährige Kind die Tapete anmalt und die Mutter das Kind in Aktion erwischt. Nach alter Tradition würde die Mutter etwas sagen, damit das Kind versteht, dass dies nicht erlaubt sei: *„Hör sofort damit auf, das darfst du nicht! Hilfe, meine schöne Tapete! Nein! Nein!“*, wäre ein möglicher Standardsatz. Dem Sinn der Information stimme ich zu, nicht aber der Art der Informationsübermittlung. Ich habe die Überzeugung gewonnen, dass mein Kind mich viel besser hören kann, wenn es sich selbst verstanden weiß. Es wollte vielleicht die Wohnung verschönern, einen Beitrag leisten für unser Zusammenleben. Deshalb sage ich heute: *„Oh Hilfe, meine schöne Tapete! Ich will mich wohlfühlen und dafür brauche ich eine weiße Tapete.“* Ich nenne mein Bedürfnis nach Geborgenheit durch Schönheit, das sich für mich mit einer weißen Tapete erfüllt. Im gleichen Augenblick gebe ich dem Kind Einfühlung für seine Sichtweise: *„Bist du erschrocken, weil ich so laut mit dir rede? Hast du gerade mit großer Freude die Tapete angemalt, weil du sie bunt haben möchtest? Und ist sie für dich schön, wenn sie bunt ist?“*

Ich stimme mit dieser Aussage nicht dem Anmalen der Tapete zu. Ich verbinde mich mit dem Kind, indem ich seine Sichtweise anspreche. So besteht eine Chance, dass mein Kind hören kann, was mir wichtig ist. Häufig haben Eltern die Überzeugung, dass ein Kind nur über Missbilligung seiner Taten versteht, was Eltern von ihm wollen. Erst beim „Ausprobieren" der Empathie entdecken Eltern Überraschungen, die sie so nicht erwartet haben.

Eine Mutter berichtet im Elterntraining: *„Am Sonntagmorgen erhitze ich die Milch. Mein vierjähriger Sohn steht erwartungsvoll daneben, weil er selbst den Kakao einrühren möchte. Schlaftrunken wie ich bin, kippe ich automatisch den Kakao in die Milch und durch sein lautes Geschrei erwache ich erschreckt aus meiner Trance. Gerade wollte ich ihn beruhigen mit den üblichen Sätzen: ‚Jetzt sei doch nicht so traurig, das ist mir aus Versehen passiert. Ich tue es nie wieder. Es tut mir leid, nimm es doch nicht so ernst, das ist doch nicht der Weltuntergang.' – Hellwach durch seinen Protest erinnere ich mich jedoch rechtzeitig an das Zauberwort Einfühlung und will es ausprobieren. Mein Gehirn arbeitet auf Hochtouren und stockend finde ich die Worte: ‚Bist du traurig und verzweifelt, weil du dich schon so gefreut hast selber den Kakao einzurühren.' Ich kann es nicht fassen, ein tiefer Schluchzer dringt aus seiner Kehle und er haucht schlicht ‚Ja!' und nach ein paar tiefen Atemzügen hat er sich beruhigt. Ansonsten hätte er mindestens zehn Minuten geschrieen und getobt – ich kann es nicht fassen."*

3.3 Das Kind bekommt Verantwortung

Helena ist zwei Jahre alt. Zweijährige Kinder sammeln ununterbrochen Erfahrungen mit dem Bedürfnis nach Autonomie. Sie wollen selbst über ihr Leben bestimmen. Kinder trainieren von klein auf Autonomie, damit sie spätestens mit 18 Jahren wirklich selbst ihr Leben zu 100 Prozent in die eigene Hand nehmen können.

Eltern fördern diese Entwicklung, wenn sie dem Kind einen sicheren Raum geben, in dem es Erfahrungen sammeln kann. Dabei beurteilen sie zuvor wachsam,

1. ob das Kind die Folgen seines Handelns tragen kann (Kind in Ruhe experimentieren lassen, gefahrenfreie Zone),
2. ob es sich selbst in Gefahr begibt (Eltern handeln und begrenzen das Kind) oder
3. ob es die soziale Einheit gefährdet (Eltern handeln, begrenzen das Kind und wenden eventuell die stellvertretende Kraft an).

Kleinkinder können sich sekundenschnell in Situationen begeben, die sie nicht überblicken können. Eltern geben dem Kind den Raum, in dem es experimentieren kann, und sind aufmerksam und bereit zu handeln, wenn Gefahr droht für die Gemeinschaft oder das Leben des Kindes. Helena sagt: *„Ich will selber mein Brot schmieren."* Sie stochert mit dem Messer im Honig herum. Die Mutter kann sie gewähren lassen: *„Bist du ganz stolz, weil du schon selbst das Brot schmierst?"*

Hier ist eine gefahrenfreie Zone. Wenn die Butter sich fein säuberlich im Honigglas verteilt und die soziale Gemeinschaft damit leben kann, dann sammelt Helena wichtige Erfahrungen.

Wenn dann Helena ihr Honigbrot verspeist hat, ihr Mund und – vor allem –, ihre Finger schön verklebt sind und sie verkündet, dass sie ihr begonnenes Spiel fortsetzen will, wird der Mutter bewusst, dass sie klebefreie Möbel und Türen braucht, um sich zu Hause wohlzufühlen. Die Mutter weiß, hier ist ihre soziale Einheit gefährdet und das Kind braucht Begrenzung. Eine Gefährdung entsteht, wenn die Mutter nicht darauf achtet, dass sie fit bleibt für ihr Kind. Die Mutter ist verantwortlich für die soziale

Einheit von Mutter und Kinder, sie sorgt dafür, dass auch ihre Bedürfnisse sich erfüllen. Aus diesem Grund sagt sie zu Helena: *„Gleich kannst du spielen, doch erst werden die Finger und der Mund gewaschen."* Helena antwortet: *„Nein, ich will zu meiner Puppe!"* Mutter: *„Ist deine Puppe deine Freundin und willst du mit ihr spielen? (Dein Wille ist OK) Gleich darfst du spielen, ich brauche eine saubere Wohnung. Der Honig, der an deinen Fingern klebt, kommt ins Waschbecken."*

Helena läuft lachend weg, die Mutter packt das Kind und trägt es zum Waschbecken (handeln). Während sie den Wasserhahn anstellt, ruft Helena: *„Ich will selber meine Hände waschen."*

Helena lebt im Augenblick und hat die Puppe schon vergessen. Jetzt gilt ihre Aufmerksamkeit dem laufenden Wasser. Die Mutter nimmt wahr, es ist eine gefahrenfreie Zone, also kann das Kind Erfahrungen sammeln und die Mutter sagt: *„Hier ist die Seife"*, mit der Helena genüsslich anfängt, Hände und Waschbecken einzuseifen.

3.4 Kommunikation ohne Handeln überfordert Kinder

Statt diesem Wechsel von Eingreifen und selbst handeln lassen, könnte eine Mutter in dieser Situation versuchen, durch Worte die Zustimmung des Kindes zu gewinnen. Sie würde dem Kind mitteilen, wie wichtig ihr eine saubere Wohnung sei und dass sie wisse, wie wichtig das Spielen für das Kind sei, und es bitten, es möge sich zunächst die Hände waschen.

Sie würde versuchen, Verständnis beim Kind zu wecken, was ein hohes Abstraktionsvermögen voraussetzt und in der Regel im Alter von zwei Jahren noch nicht vorhanden ist.

Zweijährige Kinder sind motorisch schnell und bevor die Mutter den Satz über ihr Bedürfnis beendet hätte, wäre das Kind schon im nächsten Zimmer. Trotzdem höre ich Mütter ihre kleinen Kinder anflehen: *„Bitte, bitte komm doch, sieh doch ein, deine Hände sind klebrig.“*

Das Kind rennt weiter und die Mutter schüttelt frustriert den Kopf, weil das Kind angeblich nicht hören will. Das Kind hat alles gehört, hat das Bedürfnis der Mutter aber nicht wahrnehmen können, weil es in dem Augenblick ganz angefüllt ist mit seinem eigenen Bedürfnis nach Spielen. Deshalb kann es auch lachend wegrennen, weil es gerade das Wegrennspiel mit der Mutter spielt.

In dem Elterntraining „Beziehungsfreundliche Familie“ hören alle Mütter und Väter die Standardformel: **Einmal reden und gleich handeln.**

Zehnmal den gleichen Satz zu sagen: „Geh dir bitte die Hände waschen“, ist neunmal zu viel gesagt. Schon nach dem ersten Satz zeigt die Handlung der Eltern dem Kind, welcher Sinn in diesem Satz steckt. Ein Kind, welches zehnmal den gleichen Aufforderungssatz hört, kann eigentlich nur lernen, es scheint keine Bedeutung zu haben, was Mutter sagt.

3.5 Kinder brauchen Freiheit und Grenzen

Kinder brauchen Eingrenzung in ihrem Radius, innerhalb dessen sie sich frei bewegen können. Jenseits dieses Raumes, da wo sie sich selbst körperlich in Gefahr begeben oder wo sie die soziale Gemeinschaft, von der sie selbst abhängen, gefährden, tragen Eltern die Verantwortung. Gefährden wird hier auch in dem Sinn verstanden, dass durch das Verhalten der Kinder Eltern keinen Raum mehr für ihre eignen Bedürfnisse finden.

Eine Mutter, die das mit Honig verschmierte Kind gewähren lässt, das sich nicht die Hände waschen lassen will, gibt dem Kind einen grenzenlosen Raum, der nur wenig mit der Realität unserer Welt zu tun hat. Der grenzenlose Raum für das Kind bedeutet für die Mutter die Begrenzung ihrer eigenen Freiheit: sie reinigt dann selbst alle Möbel, die mit Honig verklebt wurden. Diese Zeit fehlt ihr dann für andere Aufgaben eines geregelten Lebens.

Ich kenne viele Eltern, die genauso engagiert viel Kraft für ihre Kinder investieren. Meist lerne ich diese Eltern zu einem Zeitpunkt kennen, an dem sie völlig erschöpft sind. Wenn sie das Prinzip von Handeln und einfühlender Begleitung verstanden haben, berichten sie mir übereinstimmend, wie viel leichter es jetzt für sie ist, mit den Kindern zusammenzuleben. Die Eltern bekommen weniger Wutanfälle und auch die Kinder sind ausgeglichener als zuvor.

Kinder kosten den Eltern viel Kraft und Eltern investieren diese in der Regel auch gerne. Dabei kommen Eltern jedoch irgendwann an eine Grenze. Es ist wichtig, dass sie rechtzeitig bemerken, wann diese Grenze erreicht ist. Je mehr Kinder in einer Familie aufwachsen, umso besser lernen Mütter und Väter die Balance von Geben und Nehmen. Aus diesem Grund macht ein viertes Kind viel weniger Arbeit für Eltern als ein erstes. Bei meinem ersten Kind fand ich in den ersten Wochen nicht einmal Zeit, um selbst das Klo aufzusuchen, geschweige denn zu duschen. Diese Erfahrung haben mir andere Mütter immer wieder bestätigt.

Statt darüber nachzudenken, welche Grenzen Kinder brauchen, ist es sinnvoller darüber nachzudenken, welchen Raum Kinder zum Sammeln eigener Erfahrungen benötigen. Erfahrungen sammeln heißt experimentieren und die Erlaubnis haben, dass dabei auch etwas zerbrechen, umkippen und hinunterfallen darf.

Und auf der anderen Seite ist es sinnvoll, darüber nachzudenken, welchen Raum die Eltern brauchen, damit es der ganzen Familie auch weiterhin gut geht. Und deshalb werden die Eltern ihren Kindern auch Grenzen setzen.

In Situationen, in denen das „große" Kind die Folgen seines Handeln überblicken und tragen kann, bekommt es Verantwortung für sein Leben. Das bedeutet, dass es beispielsweise selbst entscheidet, wann es ins Bett geht, ob es einen warmen Pullover anzieht, ob es die Haare wachsen lässt und ob es Alkohol trinkt.

Wenn Eltern jetzt wollen, dass das Kind in ihrem Sinn kooperiert, können sie es vielleicht gewinnen, indem sie durch Gespräche die Verbindung zu ihm suchen. Dabei respektieren Eltern die freiwillige Entscheidung des Kindes ebenso wie die jedes anderen Erwachsenen. Für die stellvertretende Kraft ist hier kein Raum mehr.

4. Zwingende Kraft: Ist Strafe sinnvoll?

Weil Gemeinschaft für den Menschen lebensnotwendig ist, ist es eine zutiefst menschliche Eigenschaft, Gemeinschaft zu fördern und zu schützen. Jeder Mensch gibt einem anderen Menschen gerne, was dieser braucht. Das menschliche Grundbedürfnis, „gern geben zu wollen mit der Freude eines kleinen Kindes, das Enten füttert", wie es Marshall Rosenberg bildlich beschreibt, kann sich in einer Gemeinschaft nur da erhalten, wo sich der Mensch sicher sein kann, dass er nicht gezwungen wird.

Strafe hingegen wird dort eingesetzt, wo kein Vertrauen in diese soziale Gesetzmäßigkeit besteht, freiwillig und gern geben zu wollen. Menschen, insbesondere auch Kinder, werden dann gezwungen zu geben und zu tun, was sie eigentlich freiwillig geben würden.

Die Strafe wurde in der zwingenden Erziehung eingesetzt, damit ein Mensch etwas tut oder unterlässt. Sie erscheint in drei Varianten: Schmerz, Scham oder Schuld – die 3 SCH.

Die Folge der 3 SCH ist ein gut funktionierender statt ein lebendiger Mensch.

Der körperliche Schmerz weist im Naturzustand auf eine notwendige Veränderung hin, um den Körper vor Schaden zu schützen. Eine heiße Herdplatte lässt uns die Hand wegziehen. Der seelische Schmerz, bestehend aus Scham und Schuldgefühl, bittet um Überprüfung, ob das eigene Verhalten der Gemeinschaft dient. So veranlasst uns ein Schuldgefühl, eine kaputte CD zu ersetzen oder einen Tisch so aufgeräumt wie vorgefunden zu verlassen. Die Energie, mit der hier der Tisch aufgeräumt oder die CD ersetzt wird, ist die Freude, die aus dem eigenen Bedürfnis entsteht, das Leben bereichern zu wollen und zum lebendigen Lebensfluss beitragen zu können.

Diese Lebendigkeit kann sich nicht entwickeln in einer Welt, in der vergessen wurde, dass jeder Mensch aus seinem Innersten heraus gerne geben möchte. Viele Elterngenerationen vor uns waren es gewohnt, die jeweilige Kindergeneration dahin zu zwingen, wo sie selbst schon hingezwungen wurden, nämlich dem zu gehorchen, der über ihnen steht. In der Gesellschaft gab es einen Fürst oder König, der bestimmte, ob Krieg oder Frieden war, und in der Familie war der Vater das Familienoberhaupt, der das Sagen hatte. Das Denken der meisten Menschen wurde so beeinflusst, anderen

Menschen mit höheren Titeln zu dienen und zu gehorchen: den Eltern, den Großeltern, den Lehrern, Chefs, Beratern, Politikern und Gurus. Menschen mit Titeln und Macht bestimmten, wer Lob, Geld und Anerkennung verdiente, wer OK war und wer nicht.

Ich brauche nicht zu erklären, wie man einem anderen Menschen, auch Kindern, körperlichen Schmerz zufügt. Aufschlussreich ist, das Motiv zu kennen, das den strafenden Menschen bewegt. Sein Ziel ist, dem anderen ein bisschen wehtun, damit dieser sich dann dorthin bewegt, wo der Strafende ihn haben will.

Auch soll das Kind einen Denkzettel erhalten, damit es sich sowohl merkt, dass es eine Grenze überschritten hat, als auch, wo die Grenze beginnt.

Diese Logik wurde auch im Mittelalter schon praktiziert, wenn eine Grenze versetzt wurde. Um Streitigkeiten vorzubeugen und damit sich jeder gut daran erinnern kann, wo der Standort des neuen Grenzsteins liegt, wurden alle Kinder des Dorfes zusammengerufen und am neuen Grenzstein verprügelt. Dies hatte den positiven Effekt, dass alle Kinder Jahre später sich aufgrund des ihnen zugefügten Schmerzes noch daran erinnern konnten, wo der Grenzstein sich genau befindet. Diese Logik hat sich heute überlebt, dafür gibt es den Notar und im persönlichen Bereich Verträge und Absprachen, die wir auch mit Kindern treffen können.

Wenn Eltern noch körperlich strafen, beruhigen sie sich mit folgendem Gedanken: *„Das Kind wird mir dafür noch dankbar sein, es weiß es nur noch nicht.“* Selbstverständlich meint es der strafende Mensch immer nur „gut“ mit dem Bestraften. Aus diesem Grund können schlagende Eltern zu ihren Kindern sagen, die Kinder seien selber schuld, dass sie geschlagen würden: Sie bräuchten nur das zu tun, was die Eltern von ihnen wollten.

4.1 Mit Scham strafen

Die andere gängige Tradition der Bestrafung wird bis heute aus Unwissenheit ungebrochen fortgesetzt: Scham- und Schuldgefühle. Diese entstehen natürlicherweise in der Seele als Schutz und Hilfe, um Werte zu achten. Jetzt werden sie von außen aktiviert, um ein bestimmtes Verhalten beim Kind zu erzwingen.

Die Beschämung eines anderen Menschen, auch eines Kindes, findet statt, wenn sein Verhalten kommentiert wird mit Bemerkungen, die in irgendeiner Form ausdrücken, dass etwas mit ihm nicht in Ordnung sei: *„Du stellst dich wirklich ungeschickt an, das finde ich wirklich nicht gut von dir"*, oder etwas heftiger mit den gängigen Du-Botschaften: *„Du bist so blöd, so ungeschickt bist du ..."*

Als erwachsener Mensch mit viel Persönlichkeitstraining und Reifung habe ich gelernt, diese sogenannte Kritik, insbesondere mit Hilfe der Gewaltfreien Kommunikation, direkt für mich zu übersetzen und den Schmerz zu hören, den der Sprecher in sich selbst fühlt, wenn er mich be- und verurteilt. Statt mit einer Gegenkritik zu starten oder sogar innerlich dem anderen recht zu geben, was für ein schlechter Mensch ich sei, kann ich meinem Gegenüber einfühlend begegnen. Es ist nicht allein die Technik, die dies ermöglicht, sondern mein tiefer Wunsch, dem Menschen begegnen zu können, der mich kritisiert. Höre ich z.B. den Vorwurf: *„Immer kommst du zu spät"*, dann kann ich antworten: *„Bist du empört, weil dir Zuverlässigkeit wichtig ist, und möchtest mich bitten, pünktlich zu unserer Verabredung zu kommen?"* Diese ausgesprochene oder leise gedachte Empathie hilft mir, den Menschen wahrzunehmen, der Kritik an mir übt.

Während mir dies als erwachsener Mensch nach vielen Jahren zunehmend gelingt, ist ein Kind solcher Kritik völlig ausgeliefert. Die Be- und Verurteilungen wandern direkt in seine Persönlichkeit und bewirken einerseits, dass es diese Urteile über seine Person glaubt, und andererseits, dass es auf diese Weise lernt, andere ebenso zu be- und verurteilen. Das kann sich dann folgendermaßen anhören: *„Du bist nicht mehr meine Freundin, wenn du nicht mit mir spielst. Du bist gemein, du bist ein A ..." „Die zieht sich altmodisch an." „Die ist ‚in' und der ist ungeschickt."*

4.2 Mit Schuld strafen

Schuld wird im Geist erkannt und im Körper von Natur aus als Schuldgefühl wahrgenommen mit dem Ziel, Verantwortung dafür zu übernehmen, das Verschuldete für die Gemeinschaft wiedergutzumachen. Schuldgefühle werden seit Generationen bewusst erzeugt, um einen Menschen zu dirigieren. Schuldgefühle können durch folgende Bemerkungen entstehen: *„Was bin ich traurig, weil du Mama nicht bei ihrer vielen Arbeit hilfst."*

Das Kind soll glauben, die Mutter sei traurig, weil es sie nicht bei ihrer Arbeit unterstützt hat. Ein Kind, das in dieser Atmosphäre aufgewachsen ist, wird tatsächlich glauben, es sei die Ursache der Traurigkeit der Mutter. Sogar die Mutter ist davon überzeugt, sonst würde sie es ja nicht so ausdrücken. Vielleicht wird das Kind jetzt seiner Mutter helfen, leider aber nicht aus dieser natürlichen freudigen Energie heraus, mit der Menschen gerne geben, wenn sie es freiwillig tun können und keine Forderungen hören.

Heute weiß ich, dass meine Gefühle aufgrund meiner erfüllten oder unerfüllten Bedürfnisse entstehen. Der andere Mensch hat ein Verhalten, das mein Bedürfnis nicht nährt und dies bewirkt ein unerfülltes Bedürfnis. Mein Gefühl zeigt mir an: unerfüllt. Mein Denken hat eine bestimmte Vorstellung, wie mein Bedürfnis genährt wird, und mein Denken beurteilt das Verhalten des anderen danach, ob es meinen Wünschen entspricht. Hätte ich ein anderes Denken, wäre das gleiche Verhalten des anderen vielleicht Nahrung für meine Seele und mein Gefühl würde mir anzeigen: satt.

Gefühle sind ein Messinstrument der Seele, die verknüpft sind mit den Bedürfnissen, die gestillt werden wollen unter einer erworbenen Vorstellung, wie dies geschehen kann.

Mutter ist unglücklich, weil sie Unterstützung im Haushalt braucht. Sie hat nicht gelernt, den Zusammenhang herzustellen zwischen ihrem Gefühl und Bedürfnis. Sie bezieht ihr schlechtes Gefühl nur auf das Handeln des Gegenübers und macht deshalb das Kind für ihre Traurigkeit verantwortlich. Falls das Kind aufgrund der Beschuldigung der Mutter hilft, ist sein Motiv Angst und nicht Freude. Es hat eine Forderung gehört und es befürchtet, dass weitere Beschuldigungen folgen.

Neben den drei Varianten der Strafe, Scham, Schuld und Schmerz, kommt die Belohnung aus dem gleichen Gedankengebäude und hindert die freiwillige Hilfe für die Gemeinschaft. Kinder, die belohnt werden, werden abhängig von Bezahlung und Belohnung. Sie lernen letztlich nicht, aus Freude zu geben, sondern weil sie eine Belohnung in Form von Sternchen, guten Noten, Geld oder Süßigkeiten erreichen wollen.

Jede Forderung beeinträchtigt die natürliche Energie der freiwilligen Hilfe. Die über Generationen stattgefundene Kinder-zwingende-Erziehung war gesellschaftlich selbstverständliche Normalität. Anfangs wollte ich gar nicht glauben, dass Menschen gerne geben, wenn sie es freiwillig tun dürfen – ich hatte selbst nie die Erfahrung gemacht. Ich wurde gezwungen und lernte dadurch andere zu zwingen, auch meine ersten zwei Kinder. Ich war blind für die Beobachtung, wie meine noch kleinen Kinder gern geholfen haben, spielerisch mit Begeisterung und Freude. Ich wollte kochen, sie wollten kochen, ich wollte putzen, sie wollten putzen und dann sagte ich: *„Los geht spielen, lasst mich allein arbeiten, ich muss hier fertig werden. Ich muss dies noch und ich muss jenes noch …“*, und ich lehrte sie mit meinem Vorbild das Funktionieren, das MUSS und SOLL in dieser Welt, statt das WILL und MÖCHTE und die damit einhergehende Freude am Leben und am Tun.

Mir machte das Funktionieren selber keinen Spaß. Ich hatte zu der Zeit noch die übliche Überzeugung, es geht halt nicht anders, es gibt im Leben Dinge, die MUSS man tun, egal ob es Spaß macht. Weil ich daran glaubte, konnte ich mich selbst zwingen und hatte mir zur Aufgabe gemacht, dass meine Kinder sich zukünftig auch zwingen müssten.

Deshalb hörten meine Kinder auch regelmäßig meinen Ärger. Wenn mir abends Ordnung im Kinderzimmer wichtig wurde und ich mich dort wieder zurechtfinden wollte, fing ich an zu schimpfen: *„Los! Macht schon, jetzt kommt mir helfen, immer muss ich hier euer Zimmer aufräumen, was ist das denn für ein Saustall.“*

Was ich ihnen wirklich gut beibrachte, war die Tatsache, dass das Zimmer aufzuräumen schrecklich sein müsste, weil Mutter regelmäßig ihren Anfall bekam. Die Kinder beschlossen, am besten haben wir mit dieser unangenehmen Aufgabe nichts zu tun. Dann packte ich meinen vierjährigen Jungen, weil ich mir das nicht gefallen lassen wollte, trug ihn zu seinen Bauklötzchen, nahm seine Hand in meine Hand und drückte seine Hand um den Bauklotz, während ich den Befehl gab: *„Den räumst du jetzt auf.“*

Mein Junge weigerte sich, als Ausdruck seiner seelischen Gesundheit. Er lehrte mich, dass er nicht in die Welt gekommen sei, um mein Sklave zu werden. Ich trug ihn mit dem Klötzchen zur Spielzeugkiste, meine Hand hielt seine Hand um das Bauklötzchen fest umschlossen, bis zu dem Augenblick, wo wir die Kiste erreichten, in die das Spielzeug hineingehörte. Ich sagte: *„Werfe das Klötzchen jetzt dort hinein"*, und er hielt es mit aller Kraft fest. Ich war am Ende meiner Kräfte, mein Sohn auch und mit acht Jahren malte er folgendes Bild:

Unsere jahrelangen Konfrontationen und letztlich der Inhalt, den ich meinte in diesem Bild zu lesen, motivierten mich, das Gordon-Familien-Training zu besuchen.

Obwohl mein Sohn zu Hause keinerlei Kooperation zeigte, sein Zimmer aufzuräumen, beobachtete ich zu meiner Überraschung im Kindergarten, wie die Erzieherin ein Glöckchen läutete, ein Lied sang, das vom Aufräumen handelte und mein Sohn der Erste war, der die Bauklötzchen aufräumte. Damals verstand ich noch nicht, dass er es im Kindergarten gerne machte, weil er es dort freiwillig tun konnte.

Zu Hause fing ich an, dieses Liedchen vom Aufräumen zu singen, aber er war seelisch gesund und funktionierte noch immer nicht. Er nahm die Energie wahr, mit der ich das Liedchen sang: Es war ein Trick, damit er das tat, von dem ich überzeugt war, er müsse es tun. Letztlich hatte er keine Wahl, es freiwillig zu tun. Menschen können dies wahrnehmen und das mindert diese natürliche Freude, gern zu geben.

Mit „großen" Kindern können wir in den Dialog treten, zum Beispiel in der Familienkonferenz, wenn wir einen „Zimmer-aufräum-Konflikt" haben oder Unterstützung im Haushalt brauchen. Lösungen lassen sich mit größeren Kindern so häufig finden wie auch mit anderen Zeitgenossen – mal mehr und mal weniger gut. So wie Ihr Nachbar Sie ignoriert, wenn Sie ihm den Befehl geben, seinen Vorgarten zu pflegen, so werden auch Ihre Kinder auf Befehle hin nicht kooperieren.

Bei Aufräumkonflikten mit „kleinen" Kindern hilft uns die Natur. Wir können uns völlig auf ihre Nachahmungstendenz verlassen. Alles, was wir tun, wollen sie auch tun. Wenn wir wollen, dass aufgeräumt wird, dann räumen wir auf. Wenn wir wollen, dass Kinder fröhlich aufräumen, dann räumen wir auch fröhlich auf: *„So, jetzt darf das rote Auto schlafen gehen, hier ist seine Garage und die Bauklötzchen freuen sich schon auf die Kiste und der Ball geht im Regal schlafen."*

Während wir die verschiedensten Schlafplätze des Spielzeugs benennen, schieben wir gleichzeitig das entsprechende Spielzeug dorthin. Das dreijährige Kind kommt und ruft: *„Ich will den Ball zum Schlafen legen, ich will auch helfen."*

Diese natürliche Nachahmungsreaktion bleibt aus, wenn es gerade mit einem anderen Bedürfnis beschäftigt ist, zum Beispiel dem Streit mit der Schwester (Selbstbehauptung) oder einer neuen Entdeckung, das Klecksen von Malfarbe (Kreativität).

Geht eine Mutter klagend durch das Kinderzimmer und beschimpft ihr Kind, weil es sich nicht beteiligt, erreicht sie, dass das Kind sich unwohl fühlt, am liebsten in sich zurückzieht und nebenbei gut schimpfen lernt.

Meine ersten Kinder sind Jungs, dann folgen die beiden Mädchen. Mit dem dritten Kind leisteten wir uns eine Putzhilfe. Ich bin von Herzen meinen fünf Au-pair-Mädchen und unserer langjährigen Haushaltshilfe aus Eritrea dankbar, die singend durchs Haus wischten und putzten und unsere Kinder liebten. Sie hatten ihren Auftrag zu kochen und putzen übernommen, aber wollten niemanden „erziehen". So zogen unsere jüngeren Kinder mit ihnen durchs Haus und lernten nebenbei das Aufräumen und Putzen.

Mir ist heute klar, dass meine Mädchen gern putzen gelernt haben, weil sie ein positives Vorbild erlebten, nicht etwa deshalb, weil das zum Rollenbild passt. Der Zufall wollte es so in unserer Familie.

4.3 Aber man MUSS doch einfach ...

In der Gewaltfreien Kommunikation wurde ich noch auf ein weiteres Element der zwingenden Kraft aufmerksam, das verwendet wird, um Menschen zu dem zu bringen, was der Auftragende sich von ihnen wünscht. Das Wörtchen MUSS wird so verwendet, als ob keine weitere Wahl vorhanden wäre. Marshall Rosenberg nennt dies die Amtssprache: „Von Amts wegen, ob logisch oder nicht, es gibt nur eine Wahl und die MUSS sein."

„Es gibt Dinge im Leben, die müssen halt sein", sagt dann die Mutter schon ihrem kleinen Kind. Diese Haltung verliert den Blick dafür, welches Bedürfnis hinter diesem MUSS erfüllt wird. „Du musst die Schuhe anziehen, du musst das jetzt lernen, du musst jetzt ganz schnell machen, du musst ..."

Die MUSS-Sprache der Mutter versperrt dem Kind den Blick für Dankbarkeit über Schuhe, wie schön sich die warmen Schuhe im Schnee anfühlen, und versperrt auch, dass Lernen Spaß macht, wenn wir freiwillig entscheiden können, was wir lernen wollen.

Auch ich habe erst durch die GFK ein Bewusstsein dafür bekommen, dass ich mich entscheide, aus Freude und Spiel zu handeln und nicht mehr, weil ich es MUSS. Ich mache mir zwischenzeitlich klar, welches Bedürfnis ich mir erfülle, wenn dieses Muss auftaucht. Wenn ich mein Bedürfnis wahrnehme und ich die Freude und den Spaß fühle, es dafür tun zu wollen, dann packe ich es an, ansonsten unterlasse ich es. Früher musste ich die Kinder am Morgen wecken, musste sie anziehen, musste ihretwegen organisieren, wenn ich Termine hatte, und sogar spielen musste ich mit ihnen. Heute handle ich, weil ich will, und das MUSS lasse ich bleiben.

Zwingende Kraft ist die Kraft, die den eigenen Willen in die Tat eines anderen legt und dabei den Willen des anderen ausradiert, was auch Sklaventum genannt wird.

In unserer Familie haben wir uns entschlossen, darauf zu verzichten, weil wir es für uns persönlich ablehnen, dass uns ein anderer Mensch seinen Willen aufzwingt, egal wie gut er es damit meint. Es gut zu meinen, ist keine Rechtfertigung, um einen anderen Menschen zu zwingen.

Nachdem wir als Eltern uns entschieden hatten, auf die zwingende Kraft in der Begleitung von Kindern zu verzichten, konnte sich langsam über die Jahre in den Kindern und in unserer Familie die Selbstverständlichkeit des Helfens entwickeln, was unserem natürlichen menschlichen Wesen entspricht. Ich wusste gar nicht, dass dies in mir existiert und jedes Kind es in die Welt mitbringt. Jeder Mensch gibt gerne, wenn er es freiwillig tun kann. Darauf zu vertrauen bedeutet, dass in der Beziehung zwischen Eltern und Kindern sich lebendige Nähe entwickelt. Dagegen fördert die zwingende Kraft, dass Eltern und Kinder sich in der Familie aus dem Weg gehen.

4.4 Iss sofort die Schokolade

An einem praktischen Beispiel wurde mir klar, wieso die menschliche Qualität des freiwilligen Helfens unter der zwingenden Kraft verkümmert. Stellen Sie sich vor, Sie bekommen etwas geschenkt, was Sie sehr gern essen, eine kleine Süßigkeit, vielleicht ein Stück Ihrer Lieblingsschokolade oder eine süße Erdbeere. Stellen Sie sich etwas vor, das Sie wirklich gern mit Genuss essen und das Sie nicht häufig bekommen können. Jetzt stellen Sie sich vor, wie gern Sie dieses Geschenk entgegennehmen wollen und wie sehr sich Ihr Geber freut, dass er Ihnen etwas Besonderes schenkt. Können Sie dieses Geschenk genießen? Sie essen wirklich gern diese kleine Erdbeere oder dieses Stück Schokolade. Es war ein Geschenk für Sie!

Jetzt stellen Sie sich die gleiche Situation vor, es hat wieder jemand dieses Stück zum Genießen in seiner Hand. In der jetzigen Situation bekommen Sie dieses Stück nicht als Geschenk, sondern Sie bekommen es an eine Bedingung geknüpft. Der Geber sagt: „Ich weiß, du magst dieses Stück, ich gebe es dir, wenn du es innerhalb der nächsten 30 Sekunden isst, ansonsten gehst du sofort aus diesem Raum.“ Wie geht es Ihnen jetzt? Haben Sie die gleiche Freude, dieses Stück zu genießen wie im ersten Beispiel?

Ich habe diese Demonstration schon mit vielen Menschen durchgeführt. Die Menschen können mir bestätigen, dass sie es in der ersten Situation als Geschenk gern genießen, wenn es aber an eine Bedingung geknüpft ist, wie in der zweiten Situation, fühlen die Menschen einen Widerstand in sich. Dieser Widerstand wird als Körpergefühl irgendwo im Bauch oder Brustbereich wahrgenommen. Wenn ich dies in einem Elterntraining demonstriere, hat sich die Stimmung im Raum verändert, es ist irgendwie ungemütlich geworden. Diese unangenehme Stimmung der Unterdrückung wird sofort aufgelöst, wenn ich sage, es war nur ein Experiment, Sie bekommen es jetzt geschenkt. Sofort kann jeder im Raum wieder frei durchatmen.

4.5 Der Mut, Nein zu sagen

Dieser Widerstand, den jeder in seinem Körper gefühlt hat, schützt uns in der Regel davor, uns dem Willen eines anderen Menschen zu unterwerfen. Er hilft uns, auf unsere Freiheit zu achten. Mit der Drohung, ihn aus dem Raum zu schicken, wenn er das Stück nicht essen würde, habe ich die Autonomie des anderen missachtet. Autonomie ist ein tiefes menschliches Bedürfnis und ist auch bei Kindern ausgeprägt. Kinder, die sich lange gegen Unterordnung wehren, werden rebellisch genannt. Im Lauf der Jahre kann dieser Widerstand aber auch brechen, wenn durch Schmerz, Scham oder Schuld Kinder aufgehört haben, ihre Freiheit zu verteidigen, um ihre Ruhe zu haben. Das wird Unterordnung genannt und wurde in der Vergangenheit als Zeichen für eine erfolgreiche Erziehung angesehen. In der obigen Demonstration habe ich mehrfach beobachtet, dass einige Personen, denen die Süßigkeit angeboten wurde, unter der Androhung der unangenehmen Konsequenz diese schnell zu sich nahmen und aßen. Ich vermute, sie haben sich daran gewöhnt, das zu tun, was ein anderer Mensch von ihnen fordert.

Wenn Kinder unter der zwingenden Kraft ihrer Eltern und Lehrer gelernt haben zu funktionieren, hören sie hinter jeder Bitte um Kooperation eine Forderung. Deshalb sagen Kinder automatisch Nein, auch wenn sie um etwas gebeten werden, was sie wirklich sehr gern tun. Es geht ihnen dann wie der obigen Person, der es den Appetit verschlägt, wenn sie merkt, dass sie gezwungen wird, ihre Lieblingsspeise zu genießen. Statt zu fordern, können wir auch bitten. Eine Bitte an jemanden zu richten bedeutet, ihm die Freiheit zu lassen, Ja oder Nein zu sagen.

5. Freiwilligkeit

Im Elterntraining fragte mich in diesem Zusammenhang eine Mutter, wie sie ihren Sohn dazu bringen könne, Sprudel aus dem Keller zu holen. Den ganzen Tag würde sie etwas für die Kinder tun, es wäre doch eine Selbstverständlichkeit, wenn die Kinder im Haushalt auch etwas beitragen würden, das sei doch wirklich nicht viel verlangt.

Ich kann die Mutter gut verstehen, sie drückte aus, dass sie ein Bedürfnis nach Unterstützung hat. Ich hatte schon von meinen Kindern gelernt, dass ich nicht die winzigste Kleinigkeit bekomme, wenn ich Forderungen stelle, es sei denn, ich wende Gewalt an.

Gewaltanwendung in Form von körperlichem Schmerz, Scham und Schuld hatte ich seit meiner Kindheit gut trainiert. Zwischenzeitlich hatte ich mich dagegen entschieden, obwohl ich zwar erreichte, was ich mir vom anderen wünschte, es aber auf Kosten einer guten Beziehung ging. Gleichzeitig lehre ich das Kind so das alte Muster, unter dem viele Zeitgenossen leiden: Unfreiwillig, aber gut funktionieren und dabei die Umsetzung eines selbstbestimmten Lebens in die Zukunft, in die Rentenzeit verschieben.

Die zwingende Kraft war in den letzten Jahren ein selbstverständlicher Bestandteil in der Erziehung und ist es bis heute. Auf die zwingende Kraft in der Erziehung zu verzichten, ist für mich die größte Herausforderung geworden und es gelingt mir in den letzten Jahren immer besser. Der Verzicht auf die zwingende Kraft ist die größte Veränderung, die Eltern wagen. In diesem Veränderungsprozess brauchen die Eltern Begleitung und es dauert teilweise Jahre, bis es den Eltern gelingt, ganz auf Strafe zu verzichten. Die Versuchung, die zwingende Kraft einzusetzen, wird für Eltern umso größer, je mehr die eigenen Werte oder Bedürfnisse der Eltern betroffen sind.

Das Kind glaubt zunächst, die Eltern wenden einen neuen Trick an. Bisher passte es aufgrund von Strafe, Manipulation und Belohnung seinen eigenen dem elterlichen Willen an oder stand in Widerstand zu fast jeder Bitte, die es hörte. Dass die Eltern seinen freien Willen anerkennen, stimmt es zunächst skeptisch. Ob die Eltern diesen Gesinnungswandel ernst meinen, kann das Kind testen, indem es zunächst Bitten der Eltern nicht erfüllt. So überprüft es, ob die Eltern den Verzicht auf Strafe ernst meinen.

5.1 Nie mehr MÜSSEN

Eltern haben kein Problem, dem Kind seinen eigenen Willen zuzugestehen, wenn es zwischen Himbeer- und Erdbeermarmelade wählt.

Wählt es aber zu spielen, statt zu lernen, neigen viele Eltern dazu, mit ein bisschen Zwang das Kind dazu zu bewegen, die Vokabeln zu lernen, weil ihnen das Wohlergehen ihres Kindes wichtig ist und sie befürchten, dass das Kind sonst die für es erwachsenden Nachteile nicht tragen kann. Nachteile dieser Art fürchten Eltern auch, wenn das Kind nicht das isst, was den Gesundheitsvorstellungen der Eltern entspricht, oder einen Lebensstil wählt, den Eltern ablehnen.

Wenn ich Eltern den Verzicht auf die zwingende Kraft vermittle, reagieren sie regelmäßig mit der Bemerkung, dass es Situationen im Leben gebe, in denen es wichtig sei, das Kind zu zwingen. Sie sagen dann: *„Manche Dinge im Leben muss man einfach tun.“*

Eigentlich verraten mir diese Eltern die heute in unserer Gesellschaft durchaus übliche Einstellung, dass sie sich selbst zu vielem zwingen. Da ich selber aus einer Welt komme, in der ich dies glaubte, weiß ich, wie lang der Weg ist, um eine solche das Leben behindernde Einstellung zu verlassen.

Der Philosoph Immanuel Kant sagte schon vor langer Zeit: *„Es gibt nichts Schrecklicheres, als dass ein Mensch gezwungen ist, nach dem Willen eines anderen zu handeln.“*

Unsere Erziehung lehrt aber die Kinder bis heute, dass sie diesem Zwang gehorchen sollen. Die Vorstellung, Kinder könnten die Freiheit haben Nein zu sagen, löst größte Ängste aus, dass nämlich Willkür und nicht verantwortliches Handeln sich ausbreiten werde.

5.2 Gegenseitige Hilfe

Zum Menschsein gehört, dass wir gern geben, wenn wir um Hilfe gebeten werden. Dies ist in uns angelegt. Menschen verschenken gerne, wenn sie es freiwillig tun können und nicht dazu gezwungen werden.

Es gibt immer wieder Beispiele von Menschen, die sich selbst in Gefahr bringend in das Meer geworfen haben, um einen ertrinkenden Menschen zu retten, den sie nicht kannten. Dieser natürliche Drang, einem anderen Menschen in Not beizustehen, ist ein Grundbedürfnis unseres Menschseins, so selbstverständlich wie unser Bedürfnis nach Essen und Trinken.

„Es ist nicht Liebe zu meinem Nachbarn – den ich vielfach gar nicht kenne –, was mich treibt, den Wassereimer zu ergreifen und nach seinem brennenden Hause zu eilen; es ist ein viel weiteres, wenn auch unklares Gefühl, es ist ein menschlicher Solidaritäts- und Sozialtrieb." Dies schrieb Peter Kropotkin, der in seinem Buch „Gegenseitige Hilfe" Beispiele aus der Tierwelt sammelte, um mit diesen Beispielen aufzuzeigen, dass nicht das Gesetz des gegenseitigen Kampfes und Streites für die fortschreitende Entwicklung der Arten verantwortlich ist, sondern das Gesetz der gegenseitigen Hilfe.

Dieses Sozialbedürfnis kann im Laufe des Lebens verkümmern, weil dieses „Gern-anderen-Lebewesen-geben-Wollen" nur leben kann, wenn es nicht erzwungen wird. Erzwungen wäre: „Du musst jetzt dort runterspringen und den Ertrinkenden retten." Durch dieses MUSS verschwindet die Kraft, gern zu geben.

Aus der gegenseitigen Hilfe erwächst eine ansteckende Freude, die wir bei unseren Kindern miterleben können und die uns vielleicht sehnsüchtig daran erinnert, dass auch wir Erwachsene wieder aus der gleichen Kraft handeln möchten: Wir leben an einer abschüssigen Straße. Wenn im Winter Schnee fällt, rutschen die Autos am Berg. Immer wieder konnte ich beobachten, mit welcher Freude und Begeisterung meine Kinder den Sand ihrer Sandkiste mit großer Kraftanstrengung auf die Straße kippten, um den Autofahrern beim Weiterfahren zu helfen. Niemand gab ihnen den Auftrag.

Ohne Auftrag, aber mit großer Freude schleppt ein Siebenjähriger den ganzen Vormittag Äste eines gefällten Baumes auf den Feuerplatz. Es ist genau diese Kraft, etwas beizutragen für die Gemeinschaft, die ihn motiviert. Diese Kraft möchte ich heute in mir selber wieder entwickeln, sodass alle meine Pflichten sich verwandeln in Freude, es gern zu tun. Ich möchte etwas tun, nicht weil ich gezwungen bin oder Geld dafür bekomme, sondern weil ich auch diese Freude genießen möchte, die ich bei meinen Kindern beobachten kann.

Mit großer Freude wollte unsere zehnjährige Tochter bei der Nachbarin Babysitten. Ich bekam eine Ahnung davon, dass die natürliche Freude, es gern zu tun, erhalten bleibt, wenn die Nachbarin die Hilfe als Geschenk würdigt.

Stellen Sie sich vor, Sie schenken von Herzen einem Menschen ein besonderes Geschenk, um ihm eine Freude zu bereiten. Um seiner Freude über dieses Geschenk Ausdruck zu geben, öffnet der Beschenkte sein Portmonnaie und gibt Ihnen 10 Euro. Können Sie sich vorstellen, wie die Freude des Schenkens in Ihnen zusammenschmilzt?

Die Bezahlung lenkt die Aufmerksamkeit von der Freude über freiwilliges Tun auf das Geld. Meine Tochter würde Babysitten für Geld, aber nicht mehr mit dieser Freude, es gern getan zu haben. Ich bin meiner Nachbarin dankbar, dass sie sich darauf einlassen konnte, auf Bezahlung zu verzichten. In unserer heutigen Kultur ist dies ungewöhnlich, denn es ist eine Selbstverständlichkeit bis in die Familie hinein, etwas für eine Gegenleistung, meist in Form von Geld, zu tun.

Meine Tochter bekam also weiter die Gelegenheit zu erfahren, wie wertvoll es ist, freiwillig Hilfe zu geben. Über Jahre schenkte meine Tochter mit Freude ihre Hilfe der Nachbarin und es entstand Freundschaft.

Umso kleiner Kinder sind und umso weniger sie in Kontakt getreten sind mit der sie zwingenden Kraft „du MUSST das tun“, umso mehr kann diese Freude bei ihnen beobachtet werden.

5.3 Freiwillig lernen

Gerade für unser staatliches Schulsystem ist es unvorstellbar, dass Kinder ohne Zwang lernen. Dass jeder Mensch mit Freude lernen will, wenn er nicht dazu gezwungen wird – diese selbstverständliche Erfahrung konnten nur wenige Menschen in reformpädagogischen Nischen erleben. Auch die Erforschung unseres Gehirns beweist, dass der Lernerfolg steigt, wenn in Lernsituationen Gefühle von Freude und Spaß die Lernatmosphäre prägen. Es dauert meist Jahrzehnte, bis wissenschaftlich sinnvolle Erkenntnisse an der Basis umgesetzt werden, weil die gewohnten Lebensmuster vertraut sind und beibehalten werden.

Zwar beobachten Eltern, dass Kinder unter Druck von Noten und Androhung lernen können. Gehen wir der Frage nach, welcher Antrieb die Kinder motiviert, dann ist es meist die Angst vor unangenehmen Konsequenzen, weil sie schlechte Noten fürchten. Der Motor des Lernens liegt dann außerhalb des Kindes.

Kinder, die eine Waldorfschule besuchen, wählen mehrfach in ihrer Schulzeit ein Thema ihrer Neigung, erarbeiten dies und tragen es öffentlich vor. Die Kinder bekommen Rückmeldungen, aber keine Noten. Benotung verhindert diesen selbstständigen Prozess. Selbstbestimmtes Lernen ist auch in der Freinet- und der Montessoripädagogik zu finden, indem Kinder in Wochenplänen ihr Lernprogramm zusammenstellen. Die Motivation kommt nicht von außen, sondern liegt im Kind selbst.

Ich frage mich, wann auch die Mehrheit der Menschen die Freude von selbstbestimmtem Lernen entdecken wird. Ich bekam diese Freude direkt, nachdem ich die Schule verlassen hatte.

Ich kenne zwischenzeitlich viele Eltern, die durch die hier beschriebenen Erkenntnisse sich darauf eingelassen haben, auf die zwingende Kraft in der Erziehung zu verzichten.

···› *Mama, fragst du mich Vokabeln ab?*

Eine Mutter berichtet von ihrem 15-jährigen Sohn, mit dem sie vor dem Elterntraining nur noch streitend kommunizierte: Beide schrieen sich an und jeder wollte dem anderen zeigen, wer sich besser durchsetzen kann. Sie erzählt ein Jahr nach dem Training:

„Ich beobachte, wie mein Sohn Freude hat, bei den Reparaturen im Haus mitzuschaffen. Er hat neulich gesagt, er möchte am liebsten nach der 10. Klasse abgehen und eine handwerkliche Lehre machen. Jetzt konnte ich zu ihm sagen, wenn du daran Freude hast, steht dem nichts im Weg. Mein Sohn hat sich furchtbar aufgeregt und gemeint, vor Kurzem hätte ich noch so viel Druck ausgeübt, er solle auf jeden Fall Abitur machen und am besten ein Einser-Abitur, weil er nur so gute Chancen im Leben hätte. Ich konnte ihm nur recht

geben, dass ich das so gesehen hatte, aber jetzt sei es mir wichtig geworden, dass wir etwas mit Freude und nicht mit Zwang tun. Ich erzählte ihm, wie ich selber darunter litt, auf ihn Druck auszuüben, weil unser beider Zusammensein Qual und nicht mehr Freude war. Die Beziehung zu ihm sei mir wichtiger als gute Noten und meine Angst vor seiner angeblich ‚vermasselten' Zukunft.

Nach ein paar Tagen fragte mich mein Sohn, ob ich ihn Vokabeln abfrage. Ich konnte es kaum fassen, denn früher hatte er nur unter größtem Druck mit mir gelernt. Er sah mein erstauntes Gesicht und sagte, er habe es sich überlegt, er möchte nach der 10. Klasse auf das technische Gymnasium wechseln. Aus diesem Grund will er jetzt die Vokabeln lernen.

Mir ist bewusst geworden, dass diese Freiwilligkeit erst wachsen konnte, nachdem ich auf die zwingende Kraft verzichtete. Umso mehr ich das Gute in meinem Sohn erzwingen wollte, umso mehr hat er sich gesperrt. Unser Leben war für uns beide schrecklich und jetzt leben wir zusammen im gegenseitigen Respekt. Es ist so ein großer Unterschied zu früher."

5.4 Selbstverantwortung

5.4.1 Im Beruf sich unterordnen?

Weiter wenden Eltern ein, wenn sie hören, es könnte möglich sein, auf die zwingende Kraft in der Erziehung zu verzichten: „Wie sollen die Kinder dann lernen sich im Beruf unterzuordnen? Es kann doch sein, dass ein Chef dies später von ihnen verlangen wird?" Diese Frage zeigt mir, dass die Erziehung zur Unterordnung bis heute als sinnvoll angesehen wird. Dabei ist in der Wirtschaft schon erkannt worden, dass nicht Unterordnung, sondern Kreativität und Teamfähigkeit Erfolg versprechen und Mitarbeiter nach diesen Kriterien ausgewählt werden.

Wenn Eltern wünschen, dass Kinder frühzeitig lernen, sich den Wünschen eines Chefs unterzuordnen, vergessen sie die Tatsache, dass Chefs auch Tyrannen sein können. Spätestens dann hoffe ich, dass mein Kind gelernt hat Nein zu sagen. Anweisungen eines Chefs zu befolgen ist für das Zusammenarbeiten sinnvoll. Aber es ist gut, wenn der Arbeitnehmer seine eigene Wahl treffen kann, ob er diese Anweisung ablehnen oder befolgen möchte, dementsprechend, ob er diese Anweisung auch verantworten kann. Für diese Fähigkeit braucht es keinen blinden Gehorsam. Arbeiter können an ihrer Seele erkranken, wenn sie sich aus Angst um ihre Arbeitsstelle unsinnigen Anordnungen auf Dauer unterordnen. Ihr Bedürfnis nach Sinn bleibt dann ungestillt. Daraus können Depression und Burn-out-Syndrom entstehen.

Der Verzicht auf zwingende Mittel öffnet einen Raum, der viele Möglichkeiten bietet, um mit Kindern in Kontakt zu kommen. Empathie, also Einfühlung, ist der Schlüssel zu diesem Kontakt. Die höchstpersönliche Willensentscheidung des Kindes bleibt unangetastet.

5.4.2 Mithilfe im Haushalt: freiwillig

Nur wenn auf die zwingende Kraft in der Begleitung von Kindern verzichtet wird, kann das Kind verantwortliches Handeln entwickeln, ansonsten lernt es Dinge zu tun, weil sie von ihm verlangt werden oder weil es jeder tut. Es ist dann von außen motiviert und lernt, etwas zu tun, ohne wahrzunehmen, ob es das wirklich tun will. Gleichzeitig verlernt es die heute in unseren komplexen sozialen Zusammenhängen so wichtige Fähigkeit, zu tun, was es will und verantworten möchte.

Eltern meinen, es sei doch nicht schlimm, ein Kind zu zwingen, den Abendbrottisch zu decken, weil es doch offensichtlich wichtig sei, dass Kinder im Haushalt mithelfen sollten. Ich möchte hier auflisten, was dagegen spricht, ein Kind zum Decken des Tisches zu zwingen, obwohl ich auch einen gedeckten Tisch haben möchte. Auch mir ist die Unterstützung im Haushalt wichtig, doch ich möchte, dass Kinder diese Unterstützung freiwillig geben. Es fühlt sich für mich und für die Kinder besser an.

1. Obwohl der Zwang hier für etwas eingesetzt wird, was ich gutheiße, nämlich Tischdecken, kann ich nicht verhindern, dass die Kinder lernen, sich nicht nur von mir, sondern auch von einer anderen Person zwingen zu lassen, unter Umständen zu etwas, was ich nicht unterstützen möchte.

2. Aus diesem Grund sollen sie die Fähigkeit erlernen, Nein zu sagen. Wenn sie es nicht bei mir erprobt haben, kann ich nicht hoffen, dass sie es in der Fremde können.

3. Der Tisch ist zwar gedeckt, aber der eigene Wille, es nicht tun zu wollen, ist missachtet worden. So lernen Kinder, dass es in Ordnung ist, den Willen anderer zu missachten. So wie Kinder erfuhren, dass ihr Wille gebrochen wurde, werden sie den Willen anderer brechen. Wir hören dann, wie sie zu anderen Kindern sagen: „Wenn du das nicht tust, was ich von dir will, dann bist du nicht mehr meine Freundin." So trainieren und üben unsere Kinder: Wer die meiste Macht hat, kann anderen seinen Willen aufzwingen. Zu diesem Training haben wir Eltern sie angeleitet.

4. Wenn die Kinder dieses Prinzip von der Überlegenheit des Stärkeren verstanden haben, werden sie uns zwingen, ihnen Freiheiten zu geben, die wir so nicht geben wollten. Das wird dann Pubertät genannt.

5. „Ich tue erst etwas, wenn ich gezwungen werde" fördert auch die Haltung unserer heutigen Gesellschaft, erst dann auf gesellschaftliche Katastrophen zu reagieren, wenn sie eingetreten sind, statt vernünftig zu handeln, bevor sie eintreten. Diese Haltung hört sich so an: *„Wieso soll ich mit dem Energiesparen anfangen und nicht mehr fliegen oder Kleidung aus gerechter Herstellung kaufen, wenn es nicht alle machen?"* Gesamtgesellschaftlich warten wir auf etwas, wie erhöhte Energiekosten oder eine Klimakatastrophe, das uns zwingt, unser Verhalten zu verändern, obwohl wir aus Einsicht schon vor dem Schaden vernünftig handeln könnten. Auch aus diesem Grund ist es dringend notwendig, dass unsere Kinder verlernen, aus Zwang zu handeln. Erwachsene können Verantwortung für sich und die Gesellschaft übernehmen, wenn sie als Kinder gelernt haben, ihrer Einsicht statt einem anderen Menschen zu gehorchen.

5.5 Stellvertretende oder zwingende Kraft: Essen wir gemeinsam?

„Kleine“ Kinder können zwar mit der stellvertretenden Kraft an den Tisch gesetzt werden, aber das Essen können sie nur selber runterschlucken. Eltern übernehmen stellvertretend für das Kind die Entscheidung, dass während der Essenszeit am Tisch gesessen wird, und sie tragen das Kind an den Tisch. Dies kann von außen als Zwang angesehen werden, unterscheidet sich aber von der zwingenden Kraft darin, dass der Wille des Kindes nicht gebrochen wird. Es darf, während es getragen wird, anders wollen.

Nach Beendigung der Essenszeit stehen alle gemeinsam auf, niemand bleibt extra sitzen bis er aufgegessen hat. Während der Zeit des Essens kann das Kind wählen, ob es das Essen zu sich nimmt oder liegen lässt.

Die folgende Szene findet statt, nachdem mit dem Kind mehrere einfühlsame Gespräche darüber geführt wurden, wie wichtig für die Familie gemeinsames Essen ist. Das Kind ist informiert, dass in dieser Familie das Essen gemeinsam eingenommen wird.

Das sechsjährige Kind reagiert nicht, nachdem es von den Geschwistern zum Essen gerufen wurde, die Familie sitzt schon am Tisch und will gemeinsam mit dem Essen anfangen. Die Mutter holt das Kind und trägt es in die Küche.
Mutter: *„Ich trage dich an den Tisch, denn wir essen gemeinsam. Bist du traurig, weil du lieber weiterspielen wolltest?“*
Kind: *„Lass mich in Ruhe, ich will weiterspielen und außerdem schmeckt mir dein Essen nicht.“*
Mutter: *„Hättest du gern deine Lieblingsspeise, jeden Tag Pfannkuchen?“*
Kind sitzt zwischenzeitlich am Tisch: *„Ja, und nicht so einen Fraß hier, ich mag kein Gemüse essen!“*
Mutter: *„Bist du sauer, weil du Pfannkuchen statt Gemüse sehen möchtest?*
Kind: „Ich esse nichts.“
Mutter: *„Ist in Ordnung, deine Entscheidung, nicht zu essen, respektiere ich.“*
Kind: „Kann ich dann jetzt aufstehen?“
Mutter: *„Du möchtest spielen gehen (Bedürfnis des Kindes nennen), ich sage Nein (das Kind begrenzen), weil wir gemeinsam essen (Wert der Familie: gemeinsames Essen).*

Dieser Dialog wiederholt sich, teilweise brauchen die anderen Kinder auch Aufmerksamkeit am Tisch – klar bleibt, alle sind gemeinsam am Tisch.

Kind nach fünf Minuten: *„Ich könnte ja ein paar Nudeln essen.“*
Mutter: *„Gern, reich mir deinen Teller rüber, möchtest du noch was anderes probieren?“*
Kind: *„Nein.“*
Mutter: *„In Ordnung.“*

„Große" Kinder, in unserer Familie ist das ungefähr mit 14 Jahren, können selber entscheiden, ob sie sich zu den Mahlzeiten an den Tisch setzen. Nachdem Kinder 14 Jahre lang zu den gemeinsamen Mahlzeiten am Tisch gesessen haben, ist es für die Kinder eine Gewohnheit geworden, gemeinsam zu essen. Wenn das große Kind nicht zum Essen kommt, freue ich mich, wenn ich darüber in Kenntnis gesetzt werde.

Kind: *„Mutter, ich bin gerade nicht in guter Stimmung und mag jetzt nicht darüber reden, ich esse später!"*
Mutter: *„Bist du bedrückt und brauchst Zeit für dich allein?"*
Kind: *„Ja."*
Mutter: *„Danke für die Information, wenn du mich brauchst, habe ich für dich Zeit. Ich bin nach dem Essen im Garten."*

Eltern übergeben ihrem „großen Kind" Verantwortung für sein Leben, spätestens wenn das Kind 18 Jahre alt ist. Meist will das Kind diese Verantwortung schon viele Jahre früher tragen, weil Selbstbestimmung ein wichtiges Bedürfnis ist. Schon mit zwei Jahren ruft es regelmäßig: „Ich will das selber tun." Falls Eltern zu lange zögern, das Kind selbst über sein eigenes Leben bestimmen zu lassen, wird das Kind laut rebellieren. Diese Zeit wird Pubertät genannt. Die eigenen Lebensentwürfe werden sich entwickeln, die Frage ist nur wann. Die Kunst der Eltern besteht darin, diesen Ablösungsprozess zuzulassen und sogar zu unterstützen, wenn der Zeitpunkt gekommen ist, dass das Kind die Verantwortung für sein Leben tragen kann.

5.6 Den Willen des Kindes stärken

Kinder haben Wünsche, die sie sich mit ihrer höchstpersönlichen Willenskraft erfüllen. Höchstpersönlich bedeutet, dass diese Kraft nicht durch eine andere Person zu vertreten ist. – Eltern unterstützen ihre Kinder in ihrem Durchhaltevermögen, indem sie an regelmäßige Termine erinnern und dem Kind helfen dort zu erscheinen.

1. Eltern erinnern das Kind an regelmäßige Termine: der Musikunterricht

Der sechsjährige Emil möchte ein Musikinstrument erlernen, seinem Wunsch entsprechend bekommt er Klavierunterricht. Die Eltern haben mit ihm besprochen, dass er jede Woche einmal zum Klavierlehrer geht und Emil hat zugestimmt. Schon nach kurzer Zeit stellt Emil fest, dass er noch keine Melodien spielen kann wie sein Onkel und er verliert die Lust am Unterricht. Er möchte diese Woche lieber mit seinem Freund spielen, statt in den Klavierunterricht zu gehen. Emil hat kindgemäß **sein eigenes** langfristiges Ziel aus den Augen verloren.

Kinder können noch keine langfristigen Ziele verfolgen. Im Alter von sechs Jahren, meist auch noch mit 13 oder 14 Jahren, braucht ein Kind die geliehene Willenskraft der Eltern. Sie erinnern an regelmäßige Termine und sorgen dafür, dass das Kind körperlich im Musikunterricht anwesend ist, um ein Musikinstrument zu lernen.

Mutter: *„Stinkt es dir, weil jetzt die Musikstunde dran ist und du lieber mit deinem Freund weiterspielen möchtest?“*
Kind: *„Ich gehe nächste Woche wieder zum Klavierunterricht.“*
Mutter: *„Bist du dir sicher, weil du glaubst, nächste Woche kannst du dich leichter entscheiden?“*
Kind: *„Ja, ich verspreche es ganz sicher.“*

Ein sechsjähriges Kind lebt im Augenblick. Dieses Versprechen ist im Moment ernst gemeint, in einer Woche wird es sich an die Absicht nicht mehr erinnern. Aus diesem Grund sagt die Mutter: *„Ich hab von dir gehört, du möchtest mit deinem Freund spielen, ich entscheide, dass du dieses Spiel später fortführen darfst, weil ich weiß, wie gern du Klavier spielen möchtest. Der Lehrer wartet auf dich, wir gehen jetzt los.“*

Ich verwirkliche in meinem Leben heute den Grundsatz, nur das zu tun, an dem ich Freude habe. Hätte jemand die Aufgabe, mich zu all dem zu zwingen, was ich täglich bewältige, er könnte mich nur wenige Zentimeter bewegen. Die Kraft, mit der ich arbeite, ist die Freude und die Freiwilligkeit. Das Kind wählte selbst, das Instrument zu erlernen; Eltern helfen eine Umgebung zu schaffen, in der das Kind seine eigenen Ziele verwirklichen kann. Deshalb „tragen" sie das Kind stellvertretend zur Musikschule, dort beginnt die Entscheidung des Kindes. In der Musikschule angekommen, endet die Willenskraft der Mutter. Es ist der Wille des Jungen, seine Finger zu bewegen, um dem Klavier Töne zu entlocken. Wenn er sie nicht bewegen wird, kann der Unterricht nicht stattfinden. Meist wird ein sechsjähriges Kind jetzt freudig spielen, da es im Augenblick lebt und das Klavier näher ist als der Freund im Garten.

Das tägliche Üben zu einer bestimmten Uhrzeit wird zur Gewohnheit, wenn die Mutter das Kind mit ihrem Willen erinnert. Die Freude am Klavierspielen wächst, wenn das Kind Fortschritte auf dem Instrument erlebt. Eltern tragen das Kind durch seine Frustrationen und helfen ihm unter Umständen bei der Entscheidung, mit dem Instrument wieder aufzuhören.

Wie ein Raucher, der mit dem Rauchen aufhören möchte und weiterraucht, wenn er die Lust auf die Zigarette spürt, möchte das Kind mit seinem Freund spielen. Raucher und Kind fehlt die Handlungsfähigkeit, ihren Willen für das einzusetzen, was sie gewählt haben. Sie sind beide von ihrem eigenen Ziel abgelenkt: der Raucher durch die Lust auf die Zigarette, die vor ihm auf dem Tisch liegt, das Kind durch das Spielen mit dem Freund.

Beiden versperrt ein nahe liegendes Bedürfnis, das sie sich erfüllen möchten (dem Raucher die Entspannung, dem Kind das Spielen), die innere Sicht auf ein wichtiges anderes Bedürfnis (die Gesundheit beim Raucher und die Kreativität beim Kind). Eltern „tragen" das Kind in die Situation, in dem es sein Bedürfnis nach Kreativität besser wahrnehmen kann und damit die Möglichkeit hat zu entscheiden, ob es ihm wichtig ist. Der Raucher braucht dafür seinen eigenen Willen, das Kind bekommt den Willen der Eltern geliehen.

Eltern leihen ihren Willen, weil ihnen Zuverlässigkeit gegenüber dem Musiklehrer wichtig ist und weil sie ihr Kind unterstützen, dass es sich sein Bedürfnis nach Erfolg erfüllen kann. Und damit lernt das Kind, was Zuverlässigkeit und auch Ausdauer sind.

Wie der Raucher kenne ich als erwachsener Mensch Situationen, in denen ich mir sage: *„Eigentlich möchte ich jetzt viel lieber, aber ...* "So bleibe ich am Fernseher hängen und finde den Knopf zum Ausschalten nicht. Ich esse das dritte Stück Torte, obwohl ich mich für zwei entschieden hatte, und lasse zwei Kubikmeter Wäsche liegen, obwohl ich mich am Morgen fest entschlossen hatte, aus freier Entscheidung, ohne MUSS und SOLLTE, sie wegzubügeln.

Manchmal wünsche ich mir ein einfühlendes Gespräch mit einem Engel, der mich liebevoll daran erinnert, was mir wichtig ist, und mir dann noch die Kraft schenkt, dies umzusetzen. Eltern können ihren „kleinen" Kindern diese Kraft stellvertretend schenken, damit die Kinder ihre Ziele erreichen können, **die sie gewählt haben**.

⇢ 2. Eltern erinnern das Kind an regelmäßige Aufgaben: Schnuppi „riecht"

So wie ein Kind für das Erlernen eines Musikinstruments seine Willenskraft benötigt, die von den Eltern unterstützt wird, braucht es auch seinen Willen, um ein Tier zu versorgen. Ein Tier braucht regelmäßig Futter. Auch hier sind die Eltern gefordert, damit das Tier regelmäßig versorgt wird.

Das Kind kann die Verantwortung, umso jünger es ist, nicht allein tragen. Leider wird diese Verantwortung von vielen Eltern viel zu früh vom Kind erwartet. Eltern werfen ihren Kindern vor, verantwortungslos und faul zu sein, wenn das Tier nicht versorgt ist. Sie werfen dem Kind eine Verantwortungslosigkeit vor, die es erst mit 13 bis 15 Jahren selbstständig tragen kann. Eltern sollten sich dies alles bewusst machen, bevor sie das Tier kaufen, ansonsten ist ein Tier Anlass für einen Dauerkonflikt zwischen Eltern und Kind. Wenn Eltern sich für die Mitverantwortung der Versorgung des Tieres entscheiden können, ist das Tier eine Bereicherung für jedes Kind und die Familie. Das Kind wird durch die Verlässlichkeit der Eltern zur Verantwortung für ein Lebewesen begleitet. – Das Kind erkennt im Zusammenleben mit dem Tier, was Regelmäßigkeit in der Versorgung bedeutet. Wenn es sich selber nicht kümmert, ist jemand da, der dies tut. Das Tier darf sich darauf verlassen, dass es regelmäßig versorgt wird, auch wenn Mutter und Kind einen Konflikt haben, wer sich heute darum kümmern wird.

Mutter: *„Ich kann es riechen und es sind seit der letzten Säuberung zwei Tage vorbei – dein Hase braucht neues Stroh, bitte miste den Stall aus."*
Kind: *„Ich hab heute keine Lust!"*
Mutter: *„Ich bin genervt, weil mir die regelmäßige Versorgung von Schnuppi wichtig ist. Er hat ein Recht darauf, sich in unserer Familie wohlzufühlen, und kann sich nicht selber darum kümmern. Vor zwei Tagen habe ich den Stall ausgemistet. Kannst du mir sagen, was du jetzt verstanden hast?"*
Kind: *„Ich muss den Stall ausmisten."*
Mutter: *„Danke, dass du mir sagst, was du verstanden hast. Wenn du ‚muss' sagst, bist du dann genervt, weil dir im Moment etwas anderes wichtiger ist?"*
Kind: *„Na ja, ich möchte auch, dass es Schnuppi gut geht – kann ich es morgen machen?"*
Mutter: *„Bist du lustlos, weil du dich noch ein wenig entspannen möchtest?"*
Kind: *„Ich kann es machen, aber widerwillig."*
Mutter: *„Wenn ich widerwillig höre, möchte ich dich fragen, ob du lustlos bist, weil du eine Forderung hörst und keine Wahl hast, auch Nein sagen zu können?"*
Kind: *„Irgendwie schon."*
Mutter: *„Ein sauberer Stall für Schnuppi ist mir wichtig, ich werde ihn jetzt ausmisten."*
Kind: *„Ich kann dir helfen."*
Mutter: *„Danke. Freut es dich, wenn Schnuppi sich wohlfühlt?"*
Kind: *„Ja, ich habe ihn wirklich gern!"*
Mutter: *„Ich freue mich über deine Unterstützung."*

Der Wille des Kindes wird unterstützt, wenn Eltern Verantwortung für regelmäßige Termine übernehmen. Durch das selbstverständliche Tun der Eltern wird das Kind mehr und mehr die Gewohnheit übernehmen, es selbst zu tun.

3. Eltern begrenzen das Kind: Hausaufgaben oder Kino

Meine zwölfjährige Tochter hat sich mit mir am Nachmittag um 17 Uhr verabredet, weil sie Unterstützung bei den Hausaufgaben braucht. Kurz bevor wir beide uns hinsetzen, kommt eine Freundin und möchte mit meinem Kind ins Kino gehen.

Zunächst hole ich im inneren Dialog Klärung: *„Hausaufgaben sind höchstpersönliches Verhalten. Sie kann vielleicht die Konsequenzen tragen, wenn sie ohne Hausaufgaben in der Schule erscheint. Andererseits war es heute Morgen ihr Wille, diese am Nachmittag mit mir gemeinsam durchzusprechen. Abgesehen davon, dass ich heute Abend keine Zeit haben werde, weiß ich, dass sie nach dem Kinobesuch nicht mehr die Konzentration aufbringen wird, die sie für diese Hausaufgaben braucht, auch wenn sie es im Moment glaubt. Ich entscheide mich, ihr meine Willenskraft zu leihen, ihren eignen Willen von heute Morgen durchzutragen. Ich werde Nein zum Kinobesuch sagen."*

Laut nach außen sage ich zu ihr: *„Hast du richtig Lust, in diesen Film zu gehen? Heute Morgen hast du beschlossen, deine Hausaufgaben zu machen. Ich möchte dich unterstützen, dass du dich an deine eigenen Abmachungen halten kannst. Erst die Hausaufgaben, wir können schauen, ob der Film im Anschluss noch möglich ist."*

Kleinste Kinder können sich nur für Minuten auf eine Sache konzentrieren. Je älter Kinder werden, umso mehr wächst die Fähigkeit, eine angefangene Aufgabe zu Ende zu bringen. Dieses Durchhaltevermögen braucht Unterstützung. Wir Erwachsene kennen Situationen, in denen wir uns von unseren Zielen ablenken lassen, und kennen andererseits die Zufriedenheit, wenn wir etwas zu Ende bringen. Die Freude darüber gibt uns in einer nächsten Situation wieder Kraft für Ausdauer. Diese Erfahrung, ans Ziel zu kommen, auch wenn es unterwegs naheliegender wäre aufzugeben, leihen wir unseren Kindern, wenn wir ihnen sagen, das Neue dürfen sie anfangen, wenn das Angefangene beendet ist.

Sicher gibt es Situationen, in denen wir unterwegs feststellen, wir haben uns übernommen. Hier aus Prinzip weiterzumachen, hat nichts mit Lebendigkeit zu tun. In diesem Fall ist es sinnvoll wahrzunehmen, dass eine Überforderung stattfindet, die zuvor nicht vorhanden war, und das Angefangene frühzeitig zu beenden.

Im obigen Beispiel besteht keine Überforderung, wenn unerwartet die Freundin vorbeikommt. Einerseits hat das Kind das Bedürfnis nach Zuverlässigkeit und möchte die Hausaufgaben fertig machen und andererseits das Bedürfnis nach Spielen. Noch im Augenblick lebend, ist die Konsequenz, ohne Hausaufgaben in die Schule zu gehen, zu weit weg, zu wenig präsent.

Als Mutter weiß ich, wie zufrieden mein Kind sein wird, die Hausaufgaben vorzeigen zu können. Es bekommt von mir Unterstützung seinen eigenen Willen durchzuhalten, indem ich sein Bedürfnis nach Spielen mit der Freundin so lange begrenze, bis das selbst gewählte Ziel, die Hausaufgaben zu beenden, erreicht ist. Damit helfe ich dem Kind, sich sein Bedürfnis nach Erfolg zu erfüllen.

5.7 Verantwortung für Entscheidungen tragen: Sollen Kinder Strafarbeiten machen?

Kinder treffen Entscheidungen und können manchmal nicht abschätzen, ob sie den daraus entstehenden Folgen und Herausforderungen gewachsen sind. Das Kind kann eine Erfahrung machen, wenn es ohne Hausaufgaben in die Schule geht. Leider gehen die meisten Kinder heute noch in Schulen, in denen Kinder von Lehrern sanktioniert werden, wenn sie Aufgaben nicht ausführen. Diese Sanktionen können Kindern Tränen in die Augen treiben, wenn sie nicht nur einen Eintrag ins Klassenbuch bedeuten, sondern mit „missfallenden" Bemerkungen über die eigene Person begleitet werden. Kinder können lernen zu erkennen, dass der Lehrer die für ihn beste Lösung gefunden hat, um ein Kind zum regelmäßigen Arbeiten zu motivieren.

Lehrer brauchen keine Kritik, sondern Einfühlung, wenn sie strafen. Bevor Kinder gelernt haben, Einfühlung zu geben, brauchen sie selbst viel Einfühlung. Dabei können sie lernen, eine kritische Bemerkung nicht als persönlichen Angriff zu werten. So können die Kinder ihren Selbstwert erhalten, trotz der durchgeführten Zwangsmaßnahmen in der Schule.

Ich habe in meiner Arztpraxis schon vielen Kindern Einfühlung gegeben, die aufgrund von „motivierenden" Lehrerbemerkungen regelrecht erkrankt sind. Auch wenn ein Kind die Kunst der Einfühlung schneller lernt als ein Erwachsener, braucht das Kind eine gewisse Reife, um in einer Schule, in der Sanktionen die Regel sind, gesund zu überleben.

Mein neunjähriger Sohn kam mit einer Strafarbeit von der Schule nach Hause. Ich fragte ihn, ob er sich gut fühle, wenn er die Strafarbeit schreibt, obwohl wir uns schon oft über den Unsinn von Strafen ausgetauscht hatten. Er hatte zu der Zeit selbst erkannt, dass Strafe gerade auch unter Geschwistern den anderen Menschen nicht zum Freund macht. Er antwortete mir: *„Ich schreibe die Arbeit für meinen Lehrer gern. Er stand heute mit dem Rücken zur Wand und war ganz verzweifelt. Es hilft ihm, seine Sicherheit wiederzufinden, dass er gern Lehrer ist. Ich tue ihm gern den Gefallen."*

Meine elfjährige Tochter bekam auch eine Strafarbeit und verkündete, dass sie diese nicht machen werde, weil sie sich nicht zwingen lassen möchte, etwas zu tun. Ich teilte ihr darauf meine Sorgen mit, ob sie der Gegenreaktion des Lehrers seelisch gewachsen sei. Sie bekäme zwar meine Unterstützung, aber jede Entscheidung hätte Folgen, denn manche Lehrer denken sich Maßnahmen aus, die zu verweigern eine Menge Ärger mit sich bringen könnte. Sie wurde unsicher, ob sie das durchhalten könne, und wir entwickelten die Idee, dass wir beide den Straftext abschreiben. Da es sich um eine Strafarbeit des Religionslehrers handelte, schlug ich vor, ich könne über meinen Text ein Zitat von Jesus schreiben: „Wenn dich jemand zwingt, eine Meile zu gehen, dann gehe zwei." Diese Idee gefiel meiner Tochter und wir hatten Spaß beim gemeinsamen Abschreiben. Die Reaktionen verschiedener Lehrer auf unsere doppelt abgelieferte „Strafarbeit" traf dann meine Person und nicht mehr meine Tochter.

Ich war froh, dass ich als erwachsener Mensch diese Situation ertragen konnte, denn sie fiel heftiger aus, als ich vermutet hatte. Im Gespräch mit dem Lehrer brauchte ich viel Selbsteinfühlung, um den Menschen wahrzunehmen, der Strafe noch als hilfreiches Mittel anerkennt und Eltern um Kooperation bittet. Meine elfjährige Tochter wäre dem damals noch nicht gewachsen gewesen. Ich hoffe, dass sie mehr und mehr ihre Fähigkeiten entwickeln wird, einem Lehrer Einfühlung zu geben, der meint „strafen" zu müssen.

Kinder können bewusst verletzende Kritik an ihrer Person erst auf sich nehmen und dabei seelisch gesund bleiben, wenn sie emotionale Sicherheit und Stabilität erlangt haben.

5.8 Jeder gibt gern freiwillig

Ich fragte mich, meine Kinder und meinen Mann, welche Unterschiede sie zwischen einem Fremden und einem Freund wahrnehmen könnten. Wir fanden Folgendes heraus: In Beziehung zwischen Fremden gilt das Gesetz: **DO UT DES.**

Das ist lateinisch und heißt, ich tue etwas für dich, damit du etwas für mich tust. Untereinander handeln Fremde Verträge aus, in denen sie festlegen, wie viel die Leistung des einen für den anderen wert ist, sie entwickeln Gesetze und Kontrollen, an denen sie festmachen, ob diese Verträge auch eingehalten werden. – Misstrauen ist ein Teil dieser Kultur, weil es darum geht, festzustellen, ob man selbst vielleicht benachteiligt und der andere bevorzugt wird. Das ist heute noch das selbstverständliche Gesetz in der Welt. Deshalb werden in allen Betrieben Controllings eingeführt, weil das Bedürfnis nach Sicherheit groß ist, dass jeder auch das gibt, für das er bezahlt wird.

Die Beziehung zwischen *Freunden* wird geprägt von: **Ich bekomme, was ich brauche, ich gebe, was ich kann.**

Das Zusammenleben von Freunden ist geprägt von Vertrauen, Großzügigkeit und Verlässlichkeit. Dies bedeutet, wenn ich einen Freund abends zu einem Essen einlade, zähle ich nicht nach, wie oft er mich schon eingeladen hat. Es kommt nicht so darauf an, wer wann dem anderen gibt. Wenn in dieser Freundesatmosphäre einer anfängt nachzurechnen, beginnt die Freundschaft zu bröckeln. Freundschaft ist durchdrungen von dem, was Liebe möchte: bedingungslos geben.

Wenn es uns um Liebe statt DO UT DES in unserer Familie geht, können wir nicht mehr aufrechnen, wie viel jeder Einzelne im Haushalt tut, geschweige denn irgendein Kind dafür bezahlen, in Form von Geld oder Sternchen, wenn es Sprudel aus dem Keller holt oder im Haushalt mithilft. Das Bezahlen von Kindern bringt das Gesetz der Welt in die Familie und die Atmosphäre von Freundschaft schwindet. Wenn das DO UT DES mir überall in der Welt begegnet und ich weiß, wie gut mir der Raum der Freundschaft tut, möchte ich diesen Raum erweitern. Ich möchte mich möglichst oft in diesem Raum aufhalten. Das ist zumindest die eigene Familie – schön, wenn zu Menschen in der Familie noch ein paar Freunde dazugehören, da kann sich die Seele richtig wohlfühlen.

Nachdem uns dies in unserer Familie alles bewusst geworden ist, brauchte es sehr viel Mut für die Entscheidung, entgegen allen unseren bisherigen Erfahrungen aus unserer eigenen Kindheit und den üblichen Verhaltensweisen in unserer Gesellschaft, keine zwingende Kraft mehr anzuwenden.

5.8.1 Mülleimer hinaustragen: Bitte oder Forderung?

Mein Sohn hatte über Jahre durch meine zwingenden Maßnahmen die Gewohnheit entwickelt, häufig mit Widerstand zu reagieren. Dies bedeutete für ihn, jede Bitte von mir zu verneinen. Er war nicht gewöhnt sich selbst zu fragen, ob er eine Bitte erfüllen oder ablehnen wollte.

Als er fünf Jahre alt war, hatte ich mich auf seinen Widerstand eingerichtet. Wenn ich etwas von ihm wollte, zum Beispiel dass er mich in die Stadt begleitet, sagte ich ihm, dass er nicht mit in die Stadt dürfe. So konnte ich sicher sein, dass er mitging. Er schrie dann laut, er wolle aber mitkommen. Hätte ich ihn gebeten mitzukommen, hätte er alles darangesetzt, zu Hause zu bleiben. Monate nachdem ich mich entschieden hatte, den Willen meiner Kinder nicht mehr mit der zwingenden Kraft zu formen, fragte ich ihn, er war jetzt zwölf Jahre alt, ob er den Mülleimer hinaustragen könne. Ich erwartete ein übliches Nein und war überrascht, von ihm die Frage zu hören: *„Ist das jetzt eine Bitte oder eine Forderung?"*

Ich brauchte etwas Zeit für meine Überlegungen. Mein innerer Dialog gestaltete sich folgendermaßen: *„Wenn es eine Bitte ist, bleibt es nur dann eine Bitte, wenn er die Wahl hat zwischen einer Ja- oder Nein-Antwort. Wenn er Nein sagt, hat er ein Bedürfnis, das ihn hindert, mir gern mit Freude zu geben, worum ich ihn gebeten habe. Es würde mich dann interessieren, was ihm gerade wichtig ist. Eine Forderung kommt nicht mehr infrage, ich habe mich dagegen entschieden, andere Menschen mittels Scham, Schuld, Strafe, Belohnung oder mit der ‚Jeder-MUSS-mal-Haltung' zu meinen Sklaven zu erziehen. Doch was den Müll angeht, könnte ich vielleicht noch eine Ausnahme machen. Andererseits ist diese Müllgeschichte eine gute Situation, um die Ernsthaftigkeit meiner Entscheidung zu üben. Im schlimmsten Fall trage ich halt schnell den Müll selber hinaus und bei der nächsten Familienkonferenz werde ich das Thema, Unterstützung im Haushalt, ansprechen."*

Nach diesen Überlegungen sagte ich zu meinem Sohn: *„Es ist eine Bitte."*

„In Ordnung", meinte er und nahm lächelnd den Mülleimer und sagte: *„Ich trage ihn gern hinaus!"*

Es ist für mich heute ein schönes Lebensgefühl, dass er meine Bitten mit seinem eigenen Willen erfüllt oder auch ablehnt. Wenn er zusagt, dann weiß ich, er hat sich dafür entschieden. Die Energie, mit der er den Mülleimer hinaustrug, war so leicht und fröhlich und das pure Gegenteil gegenüber der Energie, die entstünde, wenn ich ihn durch Zwang bewegen würde. Diese Leichtigkeit zwischen uns war eines von vielen Erlebnissen, die mir geholfen haben, auf die zwingende Kraft zu verzichten.

Gute Gefühle sind in uns lebendig, wenn unsere Bedürfnisse gestillt sind. Die Freude, die der freiwillig Müll hinaustragende Junge erlebte, ist ein Zeichen dafür, dass er das Bedürfnis, das Solidaritätsbedürfnis oder Sozialtrieb genannt werden kann, stillen konnte: Es ist die Freude, die entsteht, wenn Gelegenheit ist, von Herzen das Leben eines anderen Menschen zu bereichern. Wenn dieses Bedürfnis ungestillt bleibt, macht es sich durch Gefühle von Einsamkeit und Langeweile bemerkbar.

5.8.2 Deckst du den Tisch?

Der Vater fragt: „*Kannst du den Tisch decken?*" und der zehnjährige Sohn antwortet: „*Nein, keine Lust.*" Letztlich sagt der Junge gerade „Ja" zu etwas anderem – es könnte sein, er möchte jetzt gerade entspannen. Die Vorstellung, das Kind möchte entspannen, während der Vater gerade Unterstützung braucht, ist nach unserer erlernten Erziehung zum Funktionieren unvorstellbar. Der innere Dialog hört sich dann so an: „*Das ist ja unglaublich, ich schufte den ganzen Tag und Sohnemann möchte sich ausruhen, dem werde ich Beine machen.*"

Den Dialog, der darauf folgt, brauche ich jetzt nicht wiederzugeben, den kennen Sie gut, das Ergebnis ist eine Stimmung zum Schneiden, Vater kocht und Sohn baut unwillig ein paar Teller auf den Tisch.

Ein paar Tage später besucht der Vater seinen Therapeuten, mit dem er mühsam lernt, seine Grenzen wahrzunehmen und Nein zu sagen, was er in seiner Kindheit nicht durfte. Den Therapeuten sucht er auf, weil er seit Monaten an psychosomatischen Beschwerden leidet. Er hat in seinem Arbeitsfeld mehr Aufgaben übernommen, als er verkraftet. Er lernte selbst nie, Nein zu sagen und lernt dies nun mithilfe einer Therapie.

Es ist für mich selbstverständlich, dass es einen Raum braucht, das Bedürfnis des Vaters nach Unterstützung zu besprechen. Wer geübt in Gewaltfreier Kommunikation ist, kann dies sofort ansprechen.

In den ersten Jahren trafen wir uns regelmäßig zu „Familienkonferenzen". Dort konnte ich ansprechen, wie wichtig mir Unterstützung ist. Gerade in den ersten Jahren, in denen die alten Muster von Erpressung und Strafe noch präsent sind, hilft der zeitliche Abstand, sich genügend selbst Einfühlung für den eigenen Ärger zu geben. Aus dem Abstand heraus konnte ich dann meinen Ärger so ausdrücken, dass die Wahrscheinlichkeit stieg, dass ich wirklich Bitten statt Forderungen meinte. In der Situation, als das Kind Nein sagte und ich noch nicht gelernt hatte, meinen Ärger beziehungsfreundlich auszudrücken, deckte ich selber den Tisch und verzichtete dabei auf folgenden Kommentar: „*Du machst ja nie was, so gut wie du möchte ich es auch mal haben.*"

Ich fing auch an darauf zu achten, keine nonverbalen Zeichen zu senden, die meinen Kindern signalisierten, wie sehr ich ihr Nein missbilligte. Dazu gehörte das Verdrehen der Augen nach oben in Verbindung mit einem tief seufzenden Einatmen. Akzeptieren heißt für mich: „*In Ordnung, du lernst für dich zu sorgen, ich achte jetzt ja auch darauf, dass ich für mich sorge. Ich möchte mit dir im Gespräch bleiben, wie du für dich und ich gleichzeitig für mich gut sorgen kann.*"

Nachdem ich diese innere Akzeptanz entwickelt und mich entschieden hatte zu schauen, welches Bedürfnis ich mir erfülle, wenn ich den Tisch decke, z.B. weil es mir wichtig ist, dass meine Kinder eine regelmäßige Mahlzeit am Abend habe, **musste** ich nicht mehr den Tisch decken, sondern **wollte** ihn decken. Gleichzeitig erlebte ich ein Wunder und konnte meinen Ohren kaum trauen. Ich fragte ungefähr zehn Tage später wieder nach Unterstützung mit der inneren Haltung: „Deine Wahl ist Ja oder Nein zu sagen", und mein Kind sagte: „ Ja, gern."

Können Sie sich vorstellen, wie ungläubig ich mein Kind anschaute? Jahrelang habe ich die Kinder zur Mitarbeit im Haushalt gezwungen, bis ich mich entschied auf den Zwang zu verzichten. Es brauchte noch einige Zeit, bis meine Kinder getestet hatten, ob das mal wieder ein Trick ist, um sie zum Funktionieren zu bringen. Und dann passierte es: Sie haben sich entschieden aus Freiheit Ja zu sagen.

In Zukunft kam dieses Ja öfter und auch mit einem Nein konnte ich leben. Denn ich hatte gelernt zu vertrauen, dass auch meine Kinder lebendige Wesen sind, die gern etwas zur Gemeinschaft beitragen, wenn sie nicht mehr befürchten, gezwungen zu werden.

Die Geduld, die Eltern für die Umsetzung ihres Gesinnungswandels brauchen, steht im Gegensatz zu ihren Ängsten, Kinder könnten missraten, wenn sie nicht gut erzogen werden. Solche Ängste werden genährt von einem alten Spruch: „Was Hänschen nicht lernt, lernt Hans nimmermehr!"

Sicher können manche Kinder schon früh viel Sinnvolles fürs Leben lernen. Ihnen aber alles so früh wie möglich beibringen zu müssen, lässt bei vielen Eltern einen großen Druck entstehen, den sie dann an ihre Kinder weitergeben. Kinder lernen in ihrem eigenen Rhythmus, wenn Eltern sie lassen und eine anregende Umgebung schaffen. Es gibt Kinder, die lernen mit neun Monaten Laufen, andere erst mit 18 Monaten. Diese Spannbreite ist völlig normal. Hier beginnen Eltern doch auch nicht nach dem Hänschen-Prinzip mit jedem Kind ein Training, wenn es mit zehn Monaten noch nicht laufen kann. So wie Eltern mit Geduld das Kind begleiten und es nicht antreiben brauchen, wenn es sich entscheidet, erst mit 18 Monaten zu laufen, können sie Geduld mit sich und ihrem Kind haben, wenn sie sich für einen Gesinnungswandel entscheiden. Er wird Früchte zeigen, weil unter der Freiwilligkeit sich alle dem Leben näher fühlen.

5.8.3 Holst du den Sprudel?

Mutter: *„Bist du genervt, weil dir wichtig ist, dass die Aufgaben gerecht verteilt sind?"*
Kind: *„Genau, immer fragst du mich, nur weil ich gerade hier in der Küche bin. Du könntest ja auch meine Schwester fragen."*
Mutter: *„Möchtest du dich in der Küche aufhalten können und die Gewissheit haben, dass auch deine Schwester gesehen und gefragt wird, wenn ich um Unterstützung bitte?"*
Kind: *„Ja, immer muss ich hier helfen!"*

Mutter: *„Bist du verärgert, weil du frei wählen möchtest, ob du Sprudel holst oder nicht?" (Möglicherweise hat er eine Forderung gehört.)*
Kind: *„Hast du denn eine Bitte gestellt? Wenn ich Nein sage, dann hast du schlechte Laune und beklagst dich, weil du alles alleine im Haushalt machen musst!"*
Mutter: *„Ich danke dir für das, was du mir gerade mitgeteilt hast. Bist du genervt, weil du dich verantwortlich fühlst für meine schlechte Laune und du für meine guten Gefühle sorgen willst? Du gehst den Sprudel holen, um mich bei Laune zu halten?"*
Kind: *„Ja."*
Mutter: *„Ich freue mich, wenn du zukünftig Sprudel nur dann aus dem Keller holst, wenn du es gerne tust und es dir gefällt, einen Beitrag für die Gemeinschaft zu leisten. Deiner Schwester möchte ich sagen, dass sie es aus der gleichen Freude machen darf. – Übrigens jeder ist für seine eigenen Gefühle verantwortlich, ich kann gut für mich selbst sorgen. Manchmal gefällt es mir, einfach vor mich hin zu schimpfen. Kannst du mir sagen was du verstanden hast?"*
Kind: *„Sprudel hole ich nur hoch, wenn ich Lust dazu habe, und jeder darf mal schlechte Laune haben."*
Mutter: *„Genau, und hast du jetzt Lust den Sprudel hochzuholen, für unser gemeinsames Abendessen."*

Die Antwort des Kindes kann ein Ja oder ein Nein sein.

5.8.4 Gern früh aufstehen!

Eine Freundin, bei der ich übernachtete, wohnt so weit entfernt vom Bahnhof, dass ich ohne Auto nur schwer da hinkomme. Am Abend plant sie laut: *„Ich muss dann um 5 Uhr aufstehen, dann müssen wir 5:15 Uhr frühstücken und dann müssen wir um 5:30 Uhr losfahren."*

Da ich selbst ungern Auslöser für Zwangshandlungen anderer Menschen bin, bitte ich sie, kurz darüber nachzudenken, welches Bedürfnis sie sich erfüllt, wenn sie das alles am nächsten Morgen tut. Ich könnte mir auch den Wecker stellen und mit dem Taxi zum Bahnhof fahren. Durch meine Nachfrage wird ihr bewusst, dass sie gern am nächsten Morgen die verbleibende Zeit mit mir teilen möchte und Freude daran hat, mich zum Bahnhof zu fahren, um mich persönlich zu verabschieden.

Nachdem sie sich das bewusst gemacht hat, will sie am nächsten Morgen aufstehen, und dieses „ich will" ist auch das Erste, was ihr am nächsten Tag in den Sinn kommt, als der Wecker klingelt. Sie bestätigt mir, dass die ICH-WILL-Energie, mit der sie aufgestanden ist, eine völlig andere ist als die ICH-MUSS-Energie. Sie begrenzt ihren Wunsch, im Bett zu liegen, für den Wunsch, Zeit mit mir zu verbringen.

Nach ein paar Tagen schreibt sie mir Folgendes: *„Ich freue mich jeden Morgen, wenn mein kleiner süßer Wecker gegen 5 Uhr nach Nahrung schreit und ich durch Stillen für sein Wohlergehen sorgen darf. Es erfüllt mich mit Freude, wenn ich mein Schulkind eine*

Stunde später wecke und dazu beitrage, dass es rechtzeitig seinen Schulbus erreicht. Vielen Dank, durch das Bewusstsein von der WILL-Energie ***muss*** *ich nie mehr, sondern* ***will*** *ich früh aufstehen und darf am Morgen Freude erleben."*

Wenn Sie sich selbst als Erwachsener noch nicht überzeugen lassen können, dass Sie wählen können, wie Sie jeden Augenblick gestalten, und stattdessen bei der Überzeugung bleiben, Sie MÜSSEN ihn so verbringen, dann können Sie wenigstens für Ihre Kinder anfangen, die Überzeugung zu gewinnen, dass die Kinder *dürfen* statt müssen.

5.8.5 Keine Lust auf Schule!

Eines meiner Kinder (11 Jahre) sagte:

Kind: *„Es ist so schrecklich, dass ich zur Schule muss."*
Mutter: *„Bist du frustriert, weil du selbst entscheiden möchtest, wie du dein Leben gestaltest?"*
Kind: *„Ja, ich muss immer das machen, was mir andere sagen, und in der Schule muss ich lernen, was der Lehrer von mir will."*
Mutter: *„Bist du traurig, weil du dir einen Ort wünschst, an dem du mit Freude lernen kannst?"*
Kind: *„Manchmal gefällt mir auch die Schule, ich bin gern mit meinen Freunden zusammen und es gibt ab und zu auch interessanten Unterricht."*
Mutter: *„Wärst du glücklich, wenn du nur den Unterricht wählen könntest, der dich interessiert."*
Kind: *„Dann wären aber einige Lehrer unglücklich, weil nur noch wenige Schüler ihren Unterricht besuchen würden."*
Mutter: *„Machst du dir Sorgen, weil das Wohlergehen dieser Lehrer dir auch wichtig ist?"*
Kind: *„Ja. ich denke, die gehen auch in die Schule, weil sie denken, sie müssen zur Schule gehen. Die unterrichten mit so wenig Lust."*
Mutter: *„Bist du erstaunt, wenn du entdeckst, dass auch bei Lehrern Unlust entsteht, weil Lehrer denken, sie müssen in die Schule gehen."*
Kind: *„Könnte ich auch zu Hause bleiben?"*
Mutter: *„Ja, wir können schauen, ob du gern den Preis für deine Entscheidung zahlen möchtest. Es wird eine Menge Menschen geben, die mit deiner Entscheidung nicht einverstanden sein könnten."*
Kind: *„Ich merke jetzt schon, das wird ziemlich anstrengend, ich kann ja erst mal versuchen, mich für die Schule zu entscheiden, vielleicht bekomme ich ja dann wieder Lust."*

Lernunlust bei jungen Menschen ist ein häufiges Phänomen in Schulen. Vielleicht kann die Freude am Lernen, die ein natürlicher Teil des Menschen ist, sich dort wieder einstellen, wo er freiwillig lernen darf. Wahrscheinlich wird dies unterstützt, wenn der Lernende sicher sein kann, dass seine Leistungen nicht nach Noten beurteilt werden. Noten sind Beurteilungen, die nach dem Prinzip von Strafe und Belohnung eingesetzt werden.

5.9 Mit „Fehlern" umgehen

Das Leben ist ein sich ständig ändernder, lebendiger Fluss. Alles ist möglich, wenn es dem Leben dient. Es ist mir möglich, im Rückblick Situationen zu betrachten und mit der hinzugewonnenen Lebenserfahrung zu merken, ich habe damals eine Entscheidung getroffen und so gehandelt, wie ich es heute nicht mehr tun würde.

Die Denkweise, die ich ursprünglich lernte, brachte mir bei, dies als einen Fehler zu interpretieren. Ich lernte, mir deshalb nach innen Vorwürfe zu machen und mich als Person zu verurteilen – und nach außen war ich trainiert, anderen Menschen Vorwürfe zu machen und die anderen zu verurteilen.

Ich frage regelmäßig Eltern, ob sie selbst an irgendeinem Tag in ihrem Leben morgens aufgestanden sind und sich für den Tag vorgenommen haben, sich idiotisch zu verhalten oder bewusst planten, Fehler zu begehen. Bisher habe ich noch nie eine positive Antwort erhalten. Ich frage weiter, wieso sie dann täglich so vielen „Idioten" begegnen können.

Aber: Es gibt keine „Idioten" auf dieser Welt, jeder Mensch tut das für ihn Optimale, auch unsere Kinder.

Meine heutige neue Sichtweise lehrt mich: „Jeder tut das für ihn Positivste, was ihm möglich ist." Durch diese Sichtweise habe ich Gelassenheit in meinem Leben hinzugewonnen und eine große Neugierde darüber, was den anderen Menschen motiviert, sich so und nicht anders zu verhalten. Darüber möchte ich mich mit dem anderen austauschen mit der Freude, seine Welt und Vorstellungen kennenzulernen.

Mit dieser Einstellung begegne ich meinem Kind. Es hört von mir keine Vorwürfe, wenn es etwas tut, mit dem ich nicht einverstanden bin, auch wenn es schlägt, beißt, Termine verpasst und alles das tut, was wir als Kinder auch taten und womit wir uns seinerzeit eine Menge Ärger mit unseren Eltern einhandelten.

5.9.1 Elisa lässt das Baby fallen

Die siebenjährige Elisa hat einen kleinen Bruder von neun Monaten, den sie von ganzem Herzen liebt. Elisa darf ihr Brüderchen manchmal wickeln und da sich die Mutter davon überzeugt hat, wie verantwortlich Elisa ihren Bruder Ron auf ihrem Arm herumtragen kann, darf sie das tun. Einmal steht die Mutter in der Küche und hört einen kräftigen Schlag auf dem Boden, gefolgt von einem lauten Schrei aus Rons Mund. Eilig stürzt sie zu Ron und stellt erleichtert fest, dass er den Sturz aus Elisas Arm unbeschadet überlebt hat.

Elisa steht erschrocken über ihren kleinen Bruder gebeugt. Nachdem die Mutter das weinende Kind untersucht hat, schaut sie Elisa an und sagt:

„Bist du jetzt auch ganz erschrocken, weil du Ron festgehalten hast und dir gar nicht erklären kannst, wie Ron aus deinem Arm gerutscht ist?" Elisa nickt und guckt weiter besorgt die Mutter und den Bruder an. „Machst du dir Sorgen, weil du jetzt unsicher bist, ob dir das vielleicht noch einmal passieren könnte, und willst du von mir hören, dass du dir noch vertrauen kannst, ihn weiterhin sicher im Arm halten zu können?" Elisa sagt: „Ja, ich habe Angst, ihn noch einmal zu tragen, ich will ihn nie mehr fallen lassen." Mutter antwortet: „Ron ist ganz schön schwer geworden und auch ziemlich beweglich, das wird mir jetzt erst richtig bewusst. Am besten nimmst du Ron jetzt auf den Arm, während ich dabei bin. Ja, gut, ich sehe, du kannst ihn ganz sicher festhalten. Wie geht es dir damit? Elisa sagt nickend: „Ich habe Ron so lieb!"

In einer Zeit, wo „Fehler" nicht passieren durften, hätte ich in einer solchen Situation ganz anders reagiert. Das siebenjährige Mädchen hätte viele Vorwürfe von mir gehört, aus meiner Angst heraus, es könne noch einmal passieren. Vielleicht hätte ich ihr auch nicht mehr erlaubt, Ron auf den Arm zu nehmen.

Heute bin ich mir aber sicher, dass dieses Mädchen, wie schlimm dieser Vorfall auch war, doppelt aufpassen wird, weil Kinder zeigen wollen, dass sie das ihnen von Eltern entgegengebrachte Vertrauen nicht enttäuschen.

In unserem Elterntraining haben wir diese Szene schon oft nachgespielt. Zuerst bekommen die „Mütter" die Anweisung, nach herkömmlicher Weise zu reagieren. Die Eltern, die Elisa spielen, berichten übereinstimmend, wie schlecht sie sich ohnehin schon fühlten und wie sehr das Schimpfen der Mutter dies verschlimmert habe. Nach dieser Erfahrung sind die meisten Eltern entschlossen, ihre Kinder für „Fehler" nicht mehr zu beschimpfen.

Missgeschicke und Fehler passieren. Gerade im Zusammenleben mit Kindern schont es die eigenen Nerven, sich auf Fehler einzustellen. Nicht die Fehler sind das Problem, sondern die Reaktion auf den Fehler. Im Fall von Ron gilt es natürlich, sorgfältig mögliche Regeln für die Zukunft abzuwägen. Fehler dürfen passieren, allerdings keine, die lebensgefährlich sein können.

Auch wenn mir theoretisch völlig klar ist, dass ich meine Kinder unendlich liebe, egal welches Verhalten sie zeigen, habe ich wiederholt bei mir beobachtet, dass ich in der Realität in die alten Muster falle, die ich heute nicht mehr vertrete.

Je mehr ich gelernt hatte, auf Selbstvorwürfe zu verzichten, wenn etwas anders gelaufen ist, als ich es mir vorgestellt hatte, umso annehmender konnte ich meinen Kindern begegnen, wenn genau das passierte, was ich verhindern wollte.

5.9.2 Der Laptop fällt runter

Mein neu gekaufter Laptop war drei Monate alt, als ich über das Netzkabel stolperte und das aufgeklappte Display vom Tisch auf die Stuhlkante fiel und zerbrach. Nachdem ich mich mehrere Tage unendlich ärgerte, wagten meine Kinder mir zu sagen, dass sie wirklich froh waren, dass ihnen das nicht passiert war, sondern mir, weil sie sich nicht sicher sein konnten, ob meine Gewaltfreiheit hier geendet hätte.

Nach dieser Bemerkung konnte ich mir selber vergeben und bin noch gelassener geworden. Wir sind aus dem gleichen Holz geschnitzt und brauchen, egal ob Erwachsener oder Kind, gegenseitige Annahme, gerade in den Augenblicken, wo wir selbst die Ursache für ein Missgeschick sind.

5.9.3 Wachs auf der Tischdecke

Meine neunjährige Tochter bastelt mit meiner Erlaubnis mit einer brennenden Kerze und Wachsmalstiften.

Sie sagt: „Irgendwie hab ich die ganze Zeit das Gefühl, während ich die Kerze in der Hand habe, gleich kommst du und schimpfst mit mir." Ich antworte: „Fürchtest du eine Reaktion von mir, die dich erschrecken könnte, falls du Wachs auf den Tisch verkleckerst?" „Ja, aus diesem Grund möchte ich auch ganz gut aufpassen." „Ich vermute, dass du ziemlich angespannt bist, während du hier bastelst, weil es dir wichtig ist, alles zu meiner Zufriedenheit zu erledigen? Komm, ich mach dir einen Vorschlag: Obwohl ich mir im Moment nicht vorstellen kann, dass ich mich ärgern könnte, spiele ich mal den Ärger und du antwortest mir dann mit dem folgenden Satz: ***‚Bist du jetzt ärgerlich, weil du es gern anders hättest?'*** *Mit diesem Satz sprichst du aus, was in mir lebendig ist, und bleibst in der inneren Haltung, dass du selbst fröhlich basteln kannst, auch wenn mal was daneben tropft."*

Sie war einverstanden und ich sagte gespielt den Satz zu ihr: *„Ich bin ärgerlich, weil ich einen sauberen Tisch brauche, und ich möchte dich bitten, die Unterlage zu vergrößern."*

Nachdem sie mir mit dem vorformulierten Satz Einfühlung gab, meinte sie: *„Es ist gar nicht möglich, zu verhindern, dass andere Menschen sich ärgern. Ich glaube, viele Menschen, die mit Kindern schimpfen, wollen nur verstanden werden. Jetzt habe ich keine Angst mehr, dass du mit mir schimpfst. Wenn Kinder basteln, darf auch mal was daneben kleckern, sie brauchen nur eine Erinnerung für die Unterlage."*

5.10 Vom Ärger zur Gelassenheit

Ärger ist ein großes Problem für viele Eltern, weil sie gern im Zusammenleben mit ihren Kindern Gelassenheit erleben möchten.

Gelassenheit ist nicht Selbstbeherrschung. Es kann nicht sein, dass Eltern anfangen sich zusammenzureißen, wenn sie Wut spüren, die durch das Verhalten ihrer Kinder ausgelöst wurde. Wenn Eltern sich zusammenreißen, obwohl sie wütend sind, können sie diese Emotionen auf Dauer nicht vor ihren Kindern verbergen.

Eine völlig erschöpfte junge Mutter, die ihrem Säugling jeden Wunsch von den Lippen abliest, kann erschrocken beobachten, dass sie wütend wird, wenn das Kind schreit, obwohl sie für alles gesorgt hat. Die Psychologen haben beobachtet, dass die Wut der Mutter vom Säugling wahrgenommen wird, die lieb lächelnd den Säugling umsorgt, obwohl sie innerlich kocht. Die Psychologen nennen dieses Phänomen Gegenübertragung. Die Mutter lächelt und der Säugling fängt wütend an zu schreien. Das Baby schreit die Wut heraus, die die Mutter selbstbeherrscht runterschluckt und dann nicht einmal mehr selber fühlt. Eine gesunde Beziehung lebt von der Ehrlichkeit, auch wenn Gefühle vorhanden sind, die angeblich nicht sein dürfen. Die junge Mutter versorgt ihr Baby viel besser, wenn sie sich eingesteht, dass sie ärgerlich auf das Baby ist. Ärger gehört zu einem gesunden Gefühlsleben. Die Mutter braucht Unterstützung, statt sich den Ärger zu verbieten.

5.10.1 Zu spät gekommen

Zunächst brauche ich vielleicht Raum, um meinem Ärger Ausdruck zu geben: *„Wir haben uns um 15 Uhr verabredet, ich bin stinkig, weil mir Zuverlässigkeit wichtig ist. Ich möchte pünktlich beim Zahnarzt sein. Kannst du mir bitte sagen, was dich daran gehindert hat, um 15 Uhr hier zu sein?"*

Andererseits kann ich auch Kontakt zu meinem Kind herstellen, indem ich seine Sichtweise erfrage: *„Es ist 16.30 Uhr, um 15 Uhr waren wir verabredet. Bist du ganz abgehetzt, weil du pünktlich sein wolltest? Willst du mir mitteilen, was dich daran gehindert hat, pünktlich zu kommen?"*

Bei „kleinen" Kindern braucht es manchmal vor dem Reden zunächst die Handlung, etwa das „beißende" Kind vom anderen wegzuziehen, um das Opfer zu schützen, bevor die Eltern ihren Ärger ausdrücken oder dem Kind Einfühlung geben.

Je kleiner das Kind ist, desto sinnvoller ist es, knappe Sätze zu bilden. Und es ist hilfreich, nach jedem Satz eine Reaktion abzuwarten, um sicherzugehen, ob die Botschaft, z.B. ein Nicken angekommen ist.

Den eigenen Ärger ausdrücken: *„Du beißt deinen Bruder, Stopp, das tut weh!"* Die Kinder auseinanderziehen. *„Alle Kinder dürfen hier aufwachsen und sicher sein. Hast du verstanden, was das ist?"* Kind nickt. *„Kannst du es mir sagen?"*

Dem Kind Einfühlung geben: *„Bist du wütend und hilflos, weil du den Bär zuerst hattest?"* Das Kind nickt. *„Wolltest du deinen Bruder spüren lassen, wie weh es dir tut?"*

Da unsere Kinder ständig am Experimentieren sind, wie diese Welt funktioniert, in der sie leben, leben sie nach dem Prinzip von „trial and error". Bei ihren Untersuchungen kann Spielzeug zerbrechen, etwas herunterfallen und manchmal entstehen Schäden, die nicht mehr rückgängig zu machen sind.

5.11 Konflikte in der Familie

Überall dort, wo Menschen zusammentreffen, können Konflikte entstehen.

Über Konfliktursachen und deren Lösungen gibt es zwischenzeitlich viel Literatur. In der Gewaltfreien Kommunikation ist es Ziel, die Bedürfnisse aller Beteiligten zu berücksichtigen und eine Win/win-Lösung zu finden. Die „Win/win-Lösung" ist ein moderner Begriff dafür, dass jeder der beteiligten Konfliktparteien am Ende eine Lösung gefunden hat, mit der er zufrieden ist. Eine Win/win-Lösung ist mehr als ein Kompromiss.

5.11.1 Eine Feder für zwei Mädchen

Zwei Schwestern (vier und acht Jahre alt) streiten sich, wer die große schwarze Feder bekommt, die beide Mädchen gleichzeitig auf dem Weg entdeckt hatten. Ein Kompromiss wäre, die Feder zu teilen. Jedes Mädchen hätte dann eine halbe schwarze Feder.

„Wollt ihr Gerechtigkeit oder glücklich sein?", ist ein gängiger Ausspruch auch in unserer Familie, um gemeinsam zu schauen wie wir eine Win/win-Lösung finden können. Unsere Kinder wissen, dass Win/win-Lösung bedeutet, jeder hat mit der Lösung etwas gewonnen: Es geht um Zufriedenheit.

Zwischenzeitlich haben unsere Kinder Übung im Ausdrücken ihrer Beobachtungen, Gefühle, Bedürfnisse und Bitten gewonnen, deshalb konnten sie folgende Lösung für sich finden: Das eine Mädchen wollte die Feder in ihrer Schatztruhe aufbewahren, das andere Mädchen wollte mit der Feder und anderen Materialien ein Bild legen. Sie konnten sich einigen, zunächst zusammen mit der Feder ein Bild zu legen und zum Schluss die Feder in der Schatztruhe aufzubewahren.

Für diesen Konflikt gibt es unzählige Lösungsmöglichkeiten. Ihr Ergebnis hatten die Mädchen selbst herausgefunden. Ich bin immer wieder erstaunt, welche Lösungskreativität Kinder entwickeln können, wenn sie gelernt haben, über ihre Bedürfnisse zu sprechen.

Im Zusammenleben zwischen Eltern und Kind geht es darum, genau solche win/win-Lösungen zu finden, sodass jeder sich in der Familie wohlfühlen kann. Eltern wie Kinder wissen in einer solchen Familie, dass ihre Bedürfnisse ernst genommen werden.

5.11.2 „Hausschuhkrieg"

Über Jahre hinweg habe ich meinen Kindern die Regel vermittelt, dass im Haus Hausschuhe getragen werden, um die Socken zu schonen. Letztlich wollte ich damit ereichen, dass die Socken nicht so schnell verschmutzen und verschleißen, und ich hatte die Vorstellung, dass Kinder gesund bleiben, wenn sie warme Füße haben. Meinen Kindern waren die Hausschuhe unbequem, manchmal auch zu warm und auch das Anziehen war mühsam.

Sie haben sich selten an die Hausschuhregel gehalten und so kämpften wir den täglichen Hausschuhkrieg. Meine Kinder haben mir hier über Monate beigebracht, dass die von mir einseitig aufgestellte Hausschuhregel auch von ihnen mitgestaltet werden möchte. Solche Dauerkonflikte sind ein Zeichen dafür, dass Gesprächsbedarf bezüglich der vorhandenen Regel besteht.

Familienkonferenzen finden in unserer Familie immer wieder statt, um gemeinsam Regeln aufzustellen, die das Zusammenleben erleichtern.

Das mir wichtige Bedürfnis nach Gesundheit der Kinder, das ich damals nur durch den Gebrauch der Hausschuhe gesichert sah, achtete mein Achtjähriger mit dem Vorschlag, wir könnten doch für eine Woche ausprobieren, ob er gesund bliebe, wenn er ohne Hausschuhe herumliefe. Da mir auch die Sauberkeit der Socken wichtig war, einigten wir uns auf die Regel, entweder Hausschuhe anzuziehen oder barfuß zu laufen und abends die Füße zu waschen. Ich konnte mich auf diesen Vorschlag einlassen, weil höchstens ein Schnupfen zu erwarten war, der nicht lebensgefährlich ist. Sie wollten selber bestimmen, mit welcher Bekleidung sie an den Füßen herumlaufen.

Die Kinder blieben nicht nur die eine Woche gesund, sondern auch den gesamten Winter, obwohl sie barfuß liefen. Um mir ihre Gesundheit zu demonstrieren, liefen die Kinder in dieser ersten Woche, ihre neue Freiheit genießend, barfüßig in den Schnee. Auch beobachtete ich, dass sie zeitweise ihre Hausschuhe anzogen. Seit dieser Zeit haben die Kinder Verantwortung für ihre eigenen Füße und Hausschuhe. Der Hausschuhkrieg war beendet und die Atmosphäre in der Familie entspannter.

5.11.3 Neue Wege für Familien

In der heutigen Zeit, in der unser Bewusstsein steigt, dass jeder Mensch auf diesem Planeten ein Recht hat, seine Bedürfnisse zu erfüllen, ist es für Eltern eine besondere Herausforderung, Kinder zum Leben zu begleiten. Eltern wollen die tradierte Selbstverständlichkeit früherer Generationen, Macht über andere Menschen auszuüben, nicht mehr an ihre Kinder weitergeben. Sie entwickeln somit einen neuen Lebensstil, in dem alle ihre Bedürfnisse erfüllen können. Da es hierfür nur wenig Vorbilder gibt, ist das Zusammenleben in einem ständigen Prozess der Veränderung. Die Regeln des Zusammenlebens werden ausprobiert, verworfen und wieder neu entworfen.

In Konflikten gilt nicht mehr, dass der Vater das letzte Wort hat. Hier Lösungen zu finden, braucht Geduld und viel Liebe füreinander. Die hohen Scheidungsraten junger Eltern geben eine Ahnung davon, wie schwierig dieser Prozess sich gestaltet. Gleichzeitig brauchen kleine Kinder feste Regeln, an denen sie sich orientieren können, um selbst Sicherheit und Vertrauen für ihr eigenes Leben zu finden. Wenn die Kinder größer geworden sind, verlangen sie, die Regeln mit den Eltern gemeinsam aufzustellen. Dies kann dann gut gelingen, wenn Eltern selbst eine Konfliktkultur entwickelt haben, die als Chance und nicht als Bedrohung für das Zusammenleben gesehen wird.

5.12 Einfühlung für Mama

Kinder lernen unsere Sprache. Während ich Jahre brauchte, um den Kindern mit Einfühlung statt mit Vorwürfen zu begegnen, haben meine Kinder diese Sprache schnell gelernt.

Ich wollte meiner 12-jährigen Tochter etwas in der Zeitung zeigen, was mich bewegte. Sie guckte kurz drauf und sagte: *„Blahhh, blahhh!"* und ging an mir vorbei. Ich war gerade nicht einfühlsam, spürte Wut in mir aufkochen und sagte gereizt, während ich die Zeitung hinschmiss: *„Dir brauche ich auch nichts mehr zu erzählen!"*

Nach 10 Minuten, als ich die Situation schon verdaut hatte, kam meine Tochter zurück und sagte: *„Bist du genervt, weil du möchtest, dass dir zugehört wird, wenn du etwas erzählen willst, das dir wichtig ist?"*

Ich war richtig erstaunt über ihre Worte und antwortete: *„Jetzt bin ich aber erstaunt, wenn ich deine Worte höre, und dabei geht es mir richtig gut. Ich bin erleichtert, ich möchte wirklich gehört werden. Hast du jetzt zehn Minuten darüber nachgedacht, wie du mir Einfühlung geben kannst, damit es mir besser geht?"*

Sie antwortete: *„Na klar, ich weiß doch, wie Einfühlung geht, das mache ich, damit es dir besser geht, denn wenn es dir gut geht, dann hast du gute Laune und ich fühle mich besser in deiner Gegenwart."*

Wissend, dass Kinder nicht in dieser Welt sind, um die Bedürfnisse der Eltern zu stillen oder dafür zu sorgen, dass Eltern gute Gefühle haben, fragte ich: *„Fühlst du dich verpflichtet, für meine Bedürfnisse zu sorgen?"*

Darauf antwortete sie: *„Natürlich nicht, das mache ich freiwillig, weil es der einfachste Weg ist, für meinen Selbstschutz zu sorgen. Ansonsten gebe ich mir eben selber Einfühlung, doch das ist anstrengender. Außerdem mache ich gern etwas, das dich freut."*

5.12.1 Meine Wolldecke liegt im Dreck!

Meine Kinder haben herausgefunden, wie sie mir regelrecht den Wind aus meinem Ärgersegel nehmen können. Wenn ich mich über ein Verhalten von ihnen ärgere, kommt es auch heute vor, dass ich wider all meinem Wissen losschreie, bevor ich mich informiere. Es ist für mich befreiend, laut meine Bedürfnisse herauszurufen, so als ob meine Kinder schwerhörig wären.

„Ich brauche Achtung für meine Wolldecke!!! Sie gehört in mein Bett!!", rief ich, als ich sah, wie meine Tochter sie an einem warmen Wintertag mit nach draußen aufs Trampolin in den Garten nahm.

Meine Tochter antwortete: *„Möchtest du deine Wolldecke in deinem Bett vorfinden, weil sie dir wichtig ist und du befürchtest, dass sie draußen im Schnee schmutzig werden könnte, und bittest du mich, sie drinnen zu lassen? – Ich habe mir das vorher alles überlegt, als ich dich nicht fragen konnte, weil du nicht da warst. Ich habe deshalb gut aufgepasst, dass die Decke nur oben auf dem Trampolin liegt. Schau, sie ist ganz sauber."*

Wie würden Sie reagieren? Ich schmolz dahin wie der Schnee in der Sonne und hatte meine innere Ruhe in Sekunden wiedergewonnen.

5.12.2 Glückliche Kinder

Mein Sohn war acht Jahre, als ich ein Elterntraining besuchte. Mit 14 Jahren sagte er mir: *„Übrigens wollte ich dir schon immer mal danken, dass du ein für mich sehr wichtiges Versprechen eingelöst hast."*

Ich fragte verwundert, welches Versprechen ich ihm denn gegeben hätte, und er antwortete: *„Ich weiß noch ganz genau, da kamst du mal nach so einem Elterntraining nach Haus, wir waren noch klein, und du hast gesagt, dass du uns von jetzt ab nicht mehr schlagen wirst, weil das unwürdig sei. Du könntest aber nicht versprechen, dass du nicht weiter rumschimpfen wirst, weil das für dich schwieriger sei zu unterlassen. Du hast aber noch gesagt, du würdest alles unternehmen, um das auch mal sein zu lassen. Ich freue mich, dass das jetzt schon seit einiger Zeit so ist, das macht mir mein Leben so viel glücklicher."*

Es berührte mich sehr, dass mein Sohn sich erinnerte und seinen Dank mir gegenüber ausdrückte. Aber ich war gleichzeitig irritiert, was er damit meinte, wenn er sagt, ich würde nicht mehr schimpfen. Deshalb fragte ich ihn: *„Was meinst du damit, wenn du sagst, ich würde nicht mehr schimpfen, denn deine (fünf Jahre jüngere) Schwester beschwert sich regelmäßig bei mir, ich würde gar nicht mehr aufhören mit dem Schimpfen."*

Er antwortete mir: *„Sie hat keine Ahnung, was Schimpfen ist, weil sie es eigentlich nie kennengelernt hat. Du bist auch heute ab und zu ärgerlich, aber wenn du jetzt deinen Ärger ausdrückst, dann kann ein Kind dabei überleben. Weißt du, früher war das so: Ich hatte keinen Raum mehr, wenn du deine Wut über mich ausgegossen hast. Ich war wie in einem Gefängnis, vier Wände waren um mich herum ohne Fenster. Vielleicht war weit oben ein dünner Lichtstrahl zu sehen, aber es gab kein Entrinnen. Ich konnte da nur ausharren und war völlig abhängig von deiner Gnade. – Heute bekomme ich eine Chance, mich auszudrücken, und du hörst mir trotz deines Ärgers zu. Das ist manchmal auch anstrengend, aber viel leichter gegenüber dem, was ich da als Kind erlebte."*

5.13 Glückliche Eltern, wütende Eltern

Die hier vorgestellte Art der Kommunikation wird von Eltern in Elterntrainings gelernt. Sie erleben im Laufe des Trainings eine deutlich tiefere Beziehung zu ihren Kindern, sie schreien sie weniger an, und wenn sie schreien, dann mit einem wertschätzenden Kontakt zu den Kindern. Größere Kinder geben die Rückmeldung, dass das Training gut für die Eltern war und diese mal wieder eine Auffrischung bräuchten. Oder Kinder wollen den Papa auch ins Training schicken, damit er, wie die Mama, aufhört zu strafen und lernt zuzuhören.

Ich beobachtete im Laufe der Jahre, dass der Anfangserfolg in den Familien nach den Seminaren wieder abebbte und sich aber auf einem höheren Niveau stabilisierte.

Eltern berichten, dass sie seit dem Training manche Situationen zwar anders wahrnehmen könnten, teilweise wüssten sie auch, wie sie reagieren möchten, aber durch ihre eigene Wut reagierten sie wieder nach dem alten Muster ihrer Vorfahren, sie schrieen und schimpften und verurteilten ihre Kinder.

Für manche Eltern ist dies ein Anlass, geduldig mit sich selber weiter in Gruppen zu trainieren. Andere Eltern fangen nach altem Muster an, sich selber zu verurteilen: *„Eigentlich müsstest du das doch schon längst kapieren, wieso schreist du deine Kinder an, wieso gibst du Befehle, du machst eh alles falsch und du bist einfach eine schlechte Mutter (oder ein schlechter Vater).“*

Der Nachteil dieser Haltung ist, dass Sie sich zusätzlich noch schlecht dabei fühlen. – Erst wenn die Selbstverurteilung aufhört, können Eltern anfangen, ihre Kinder so anzunehmen, wie sie sind, und sind in der Lage, die Kinder nicht mehr zu verurteilen.

Es ist völlig normal, in Stresssituationen Verhaltensmuster anzuwenden, die in 20 Jahren Schule bei den eigenen Eltern gut eingeübt wurden. Schauen Sie sich Ihre Eltern an, wie diese sich in Konfliktsituationen verhalten haben, und dann wissen Sie, was Sie gut gelernt haben. Jede Verhaltensänderung braucht Übung und viel Geduld.

Statt sich zu verurteilen, unterstützt es den Veränderungsprozess, wenn Sie Selbstachtung und viel Geduld mit sich haben. Je mehr Sie als Eltern die Fähigkeit entwickeln werden, sich selbst anzunehmen, desto einfühlsamer und verständnisvoller werden Sie auch Ihren Kindern begegnen können.

Ich wünsche Ihnen alles Gute dabei!

Britta Hahn
August 2006

Die Gewaltfreie Kommunikation in der Begleitung von Kindern

Einleitung

Mit der „Gewaltfreien Kommunikation" hat Marshall Rosenberg eine Sprache entwickelt, die es uns ermöglicht, miteinander in einen offenen, aufrichtigen und einfühlsamen Kontakt zu treten. Dabei verzichten wir darauf, den anderen durch „Tricks" und Machtanwendung wie Strafe, Beschämung, Beschuldigung oder Belohnung für unsere Ziele zu manipulieren. Die Gewaltfreie Kommunikation geht davon aus, dass jeder Mensch gerne zum Wohlergehen anderer beiträgt, wenn er es **freiwillig** tun kann – auch unser Kind!

Diese Kommunikation besteht aus vier sprachlichen Schritten, die mir helfen meine Seite oder die Seite des anderen einfühlsam zu beleuchten. Diese vier Schritte sind die Beobachtung dessen, was geschehen ist (1.), das Gefühl, welches durch die Beobachtung ausgelöst wurde (2.), das erfüllte oder unerfüllte Bedürfnis (3.), welches Ursache für das Gefühl ist, und eine Bitte (4.), die dem anderen sagt, was ich gern von ihm hätte.

Wenn ich **meine Seite** mit den vier Schritten beleuchte, kann ich mir damit selber Klarheit verschaffen, wie ich mit einer Konfliktsituation umgehen möchte (Selbsteinfühlung), oder ich kann meine Sicht des Problems ausdrücken (empathische Ich-Botschaft). – Wenn ich **deine Seite** mit den vier Schritten beleuchte, verstehe ich, was hinter deinem Ärger steht, und kann verständnisvoll darauf reagieren (Einfühlung oder Empathie geben).

Bevor ich die vier Schritte für Gewaltfreie Kommunikation anwende, verschaffe ich mir Klarheit darüber, wer das Problem hat, ich oder mein Kind. Habe ich das Problem, beleuchte ich meine Seite und sende u.U. eine Ich-Botschaft. Hat das Kind das Problem, gebe ich ihm Einfühlung. Häufig haben wir beide ein Problem, dann kann ich wählen, womit ich beginne, werde aber beide Seiten ansprechen.

Wenn ich auf diese Weise eine Bitte äußere, lasse ich dem Kind die Wahl, Ja oder Nein zu sagen. Es gibt jedoch auch Situationen, in denen ich mein Kind begrenzen will. Dann sage ich gewaltfrei Nein.

Wenn wir uns auf diese neue Sprache einlassen, werden wir Zeit brauchen, um sie zu lernen. Dabei werden wir immer wieder auf „Altbewährtes" zurückgreifen und Dinge sagen, die uns hinterher leid tun. Das gehört dazu und auch hierfür bietet die Gewaltfreie Kommunikation uns Möglichkeiten an, das „wiedergutzumachen", indem wir einen einfühlsamen Kontakt mit uns selber und unserem Kind herstellen.

Die hier vorgestellten Aspekte der Gewaltfreien Kommunikation werden im Folgenden mit Beispielen veranschaulicht:

1. Wer hat ein Problem?

Wir haben v.a. dann Gesprächsbedarf, wenn jemand ein Problem hat. Wie ich reagiere, hängt davon ab, wer ein Problem hat:

1.1 Ihre Tochter ist traurig, weil ihre Freundin nicht zur Verabredung gekommen ist

Hier hat die Tochter das Problem. Was würden Sie zu ihr sagen? Vielleicht: „Susi durfte wahrscheinlich nicht kommen." Oder „Sei doch nicht traurig, die Susi war doch schon immer unzuverlässig!" Oder: „Der würde ich wirklich mal die Meinung sagen, so was Gemeines!" Spüren Sie mal, ob diese Sätze Ihnen in so einer Situation helfen würden! Nicht? Dann helfen Sie auch Ihrem Kind nicht.

In Gewaltfreier Kommunikation könnte eine Antwort so klingen: „Bist du enttäuscht, weil du dich auf Absprachen verlassen möchtest?" – Spüren Sie einen Unterschied? Wenn ja, werden Sie vielleicht motiviert sein, diese Sprache zu lernen. Denn auch unsere Kinder haben Probleme und brauchen unsere Unterstützung!

1.2 Ihr Sohn vergisst immer wieder, den Hasen zu füttern

Sie haben ein Problem, weil Sie letztlich die Verantwortung für den Hasen tragen. Wie wollen Sie dieses ansprechen? – Vielleicht: „Schon wieder hast du den Hasen vergessen, du bist so unzuverlässig." Oder: „Ich finde es wirklich gemein, dass du den Hasen leiden lässt." Oder so: „Wenn du den Hasen noch einmal vergisst, kommt er weg." Meinen Sie, Ihr Sohn hat jetzt Lust, den Hasen zu füttern? Vermutlich nicht! Und wenn er ihn dennoch füttert, dann nicht freiwillig, sondern aus Schuld- oder Schamgefühlen oder aus Angst vor Strafe („... dann kommt der Hase weg"). Sie hätten Ihren Sohn auf diese Weise mit „Gewalt" dazu gebracht den Hasen zu füttern. Doch diese Gewalt werden Sie wieder zu spüren bekommen. Denn er denkt jetzt: „Blöde Mutter, dich werde ich auch mal ärgern." Und vielleicht wird er sich das nächste Mal bei Oma schlecht benehmen.

Ihr Problem können Sie beziehungsfreundlich so ausdrücken: „Der Hase hat kein Futter – ich bin besorgt, denn ich will, dass es dem Hasen gut geht. Kannst du jetzt den

Hasen füttern?" – Natürlich kann der Sohn Nein sagen. Und dann hat er seine de und ich höre, welche Bedürfnisse hinter seinem Nein stehen, indem ich E lung gebe. Es könnte ein längeres Gespräch folgen. Wenn ich dafür im Momen Zeit habe, werde ich dieses Thema in der Familienkonferenz ansprechen.

2. Die vier Schritte der Gewaltfreien Kommunikation

Marshall Rosenberg hat herausgefunden, dass folgende vier Schritte helfen, uns klar, einfühlsam und gewaltfrei auszudrücken:

···› *2.1 Was wir sehen*

... und hören – was wir wie durch eine Videokamera wahrnehmen – das ist eine Beobachtung. Und diese gilt es von jeglicher Bewertung zu trennen. „Hier liegen Bauklötze, Duplosteine und eine Jacke auf dem Fußboden" ist eine Beobachtung, während „Hier liegt schon wieder alles rum" eine Bewertung ist.

···› *2.2 Was wir fühlen*

... ist wie ein Messinstrument unserer Seele: Wenn es uns gut geht, lassen Gefühle uns das Leben genießen und in vollen Zügen auskosten. Wir fühlen uns dann glücklich, zufrieden, entspannt, liebevoll ... Wenn es uns schlecht geht, wir ärgerlich, traurig und erschöpft ... sind, geben die Gefühle uns ein Signal, etwas zu unternehmen, damit wir bekommen, was wir brauchen!

···› *2.3 Was wir brauchen*

... verbindet uns mit allen Menschen, denn wir teilen die selben Bedürfnisse, wie Liebe, Respekt, Unterstützung und Autonomie ... Wer anfängt, sich damit zu beschäftigen, entdeckt, was er eigentlich alles braucht und wie reich das Leben sein kann! Bedürfnisse wollen erfüllt sein und sind an keine bestimmte Person oder Handlung gebunden.

···› *2.4 Wenn wir bitten*

... sprechen wir aus, womit der andere unser Leben bereichern kann, wenn er möchte. Die Bitte ist klar und konkret wie: „Kannst du die Spielsachen im Wohnzimmer jetzt aufräumen?" Oder: „Was meinst du dazu?" – Wenn ich eine Bitte ausspreche, weiß mein Gegenüber, warum ich ihm mitgeteilt habe, was ich fühle und brauche – er muss es nicht erraten! Dabei weiß ich, dass der andere mir ein Geschenk macht, wenn er meine Bitte erfüllt. Er kann auch Nein sagen.

3. Deine Seite: „Wie geht es dir gerade?“ – Empathie geben

Bei der Empathie geht es darum, mit meiner Aufmerksamkeit ganz beim anderen zu sein. Ich gebe ihm dabei die Möglichkeit, sich darüber klar zu werden, wie er gerade fühlt, was er braucht und wie er dieses konkret bekommen könnte. Es entsteht eine Verbindung zwischen uns, die den anderen in keiner Weise einengt oder manipuliert.

Auch unsere Kinder haben Probleme, sie sind manchmal traurig, müde oder wütend. Mit unserer bisherigen Sprache haben wir oft versucht zu beschwichtigen („Ist doch nicht so schlimm“), zu ermutigen („Versuch's doch noch mal“) oder das Gefühl auszureden („Das macht doch nichts“). Oft erreichen wir das Kind damit jedoch gar nicht. Einfühlung ist eine Möglichkeit, unser Kind gerade in seinem negativen Gefühl zu erreichen. Damit eröffnen wir ein Gespräch, in dem wir gemeinsam Lösungen finden (siehe dazu auch 4.1.).

So kann Einfühlung klingen:

Gefühl: „Bist du müde ...

Bedürfnis: ... und möchtest du lieber spielen als Hausaufgaben zu machen?“

4. Meine Seite

4.1 „Wie geht es mir jetzt?“ – Selbsteinfühlung

Im Familienalltag geschehen oft Dinge, die heftige Gefühle hervorrufen. Da ist es hilfreich, zunächst mir selbst Einfühlung zu geben, um dann zu entscheiden, wie ich reagieren will.

Willst du mich loswerden?

Lisa: *„Manchmal habe ich Angst, du willst mich loswerden.“*
Mama leise zu sich selber (Selbsteinfühlung): *„Jetzt bin ich erschrocken, denn ich will, dass meine Liebe gesehen wird. Wenn Lisa so etwas sagt, ist sie verunsichert und braucht Verständnis. Das werde ich ihr jetzt geben und fragen, was sie braucht, damit sie sich meiner Liebe gewiss ist.“*

Mama laut zu Lisa: *„Bist du verunsichert und brauchst du die Sicherheit, dass ich dich behalten will?"*
Lisa: *„Ja genau."*
Mama: *„Was kann ich denn tun, damit du ganz sicher weißt, dass ich dich behalten will?"*
Lisa (überlegt): *„Wenn du mit mir kuschelst und mir sagst, dass du mich ganz lieb hast, dann weiß ich es."*
Mama: *„Wie oft am Tag möchtest du mit mir kuscheln?"*
Lisa: *„Zweimal am Tag."*
Mama: *„Wann?"*
Lisa: *„Wann du Zeit hast."*
Mama: *„O.k., ich überlege mir mal, wann es passt. Erinnerst du mich dann daran?"*
Lisa: *„O.k."*
Lisa hat mich übrigens dann nie ans Kuscheln erinnert. Offensichtlich hat das Gespräch schon gereicht. Jetzt wusste sie wieder, dass ich sie lieb habe.

4.2 Das will ich dir sagen ... – eine einfühlsame Ich-Botschaft senden

Kinder tun manchmal Dinge, die für uns unannehmbar sind. Die spreche ich mit einer einfühlsamen Ich-Botschaft an. So kann das klingen:

1. Beobachtung: „Du hast alle Birnen angebissen,

2. Gefühl: ... ich bin ärgerlich,

3. Bedürfnis: ... denn mir ist Rücksicht wichtig und das bedeutet für mich, dass jeder eine Birne bekommt.

4. Bitte: Was meinst du dazu?"

5. Gewaltfrei Nein sagen oder schützende Macht anwenden

Für kleine Kinder tragen wir Verantwortung und setzen Grenzen, um sie zu schützen. Wir sagen Nein und bleiben gleichzeitig mit dem Kind in Kontakt, indem wir Verständnis für seinen Schmerz zeigen. Das kann so klingen:

Begrenzen: „Stopp, kein Fußballspiel im Wohnzimmer.

Mein Bedürfnis, das mich hindert, Ja zu sagen: Ich möchte sicher sein, dass die Blumenvasen und Lampen heil bleiben.

Empathie: Bist du jetzt ärgerlich, weil es gerade so viel Spaß macht, hier zu spielen?“

6. Immer dieser Ärger

Wir Eltern geraten oft in Situationen, wo wir vor Ärger fast zu platzen drohen. Wir erkennen uns selbst kaum wieder und werden zu „Furien“, wie wir es uns in der kinderlosen Zeit nie hätten träumen lassen. – Wenn unsere Kinder krank sind, sind wir bis zur totalen Erschöpfung rund um die Uhr für sie da. Und wir könnten sie nie verlassen, wie wir es bei einem Erwachsenen tun könnten, der uns an den Rand unserer Kräfte bringt.

Eine Freundin erzählte mir: „Ich habe mich schon den ganzen Tag über viele Kleinigkeiten geärgert, doch großzügig darüber hinweggesehen. Aber irgendwann war der Punkt erreicht, wo ich nicht mehr konnte, und ich brüllte: ‚Ihr seid alle total bescheuert.‘ Die Kinder sind erschrocken in ihre Zimmer geflüchtet, ich fühlte mich schuldig und geholfen war niemand.“

Wir suchen nach Wegen, mit diesem Ärger umzugehen. Oft fragen Eltern in den Trainings: „Was kann ich tun, um von meinem Ärger herunterzukommen?“ – Die GFK hat ja gerade erkannt, dass Gefühle so wichtig sind, um uns zu zeigen, was wir brauchen. Deshalb ist der Ärger wichtig und sogar wertvoll. Er zeigt uns, dass ein Bedürfnis total unerfüllt ist, und gibt uns Kraft, dies zu verändern! Die Frage ist nur: Wie drücke ich den Ärger sozialverträglich aus?

1. Allein sein

Früher wurde ich oft so ärgerlich, dass ich gar nicht mehr in Ruhe nachdenken, geschweige denn reden konnte. Also sagte ich meinen Kindern, ich müsse mich „erst mal beruhigen“, ging allein in ein Zimmer, verschloss die Tür und brüllte meinen Ärger heraus.

⇢ 2. Was fühle ich – was brauche ich – was kann ich tun?

Ich rede mit mir selber: „Ich bin so ärgerlich, weil ich jetzt so erschöpft bin. Ich brauche unbedingt Unterstützung mit den Kindern und im Haushalt." – Und wenn ich jetzt noch so ärgerlich bin, dass ich schreien möchte, tue ich es. Ich schreie meine Bedürfnisse heraus: „Ich brauche Unterstützung, ich brauche unbedingt Unterstützung!" Die Kinder hören hier keine Schuldzuweisung! Die Frage ist also nicht, ob ich schreie, sondern was ich schreie!

Diese Erkenntnis ist für viele Eltern sehr hilfreich und befreiend, denn die Vorstellung, unter großem Stress nicht mehr schreien zu dürfen, erscheint ihnen fast unerreichbar! – Wenn ich weiß, was ich brauche, überlege ich, wie ich es bekommen kann – z.B.: „Ich werde heute Abend meinen Mann fragen, ob er mich im Haushalt entlasten kann."

⇢ 3. Eine Ich-Botschaft senden und ein Nein hören

Jetzt ist es angebracht, das was mich so auf die Palme gebracht hat, zu benennen. Das kann so klingen: „Lisa, du hast Lena einen Bauklotz weggenommen. Ich bin gerade so müde und brauche etwas Ruhe. Das bedeutet, dass ich mich jetzt nicht damit beschäftigen will. Bitte gib den Bauklotz zurück."

... das ist übrigens nur ein Bitte und das Kind kann Nein sagen. Und dann möchte ich mich trotz Müdigkeit damit beschäftigen, weil die Kinder meine Hilfe brauchen – und so ist das Elternsein manchmal, dass es fast über die eigenen Kräfte geht. Und in der konkreten Situation kann ich nichts verändern.

Doch hinterher kann ich mich hinsetzen, mir Selbsteinfühlung geben und nach Lösungsstrategien suchen! Und das Schöne an den Bedürfnissen ist – es gibt unendlich viele Erfüllungsmöglichkeiten. Und wenn die eine Strategie nicht funktioniert, versuche ich es mit einer anderen. Wenn mein Mann mir im Haushalt nicht helfen kann, frage ich Oma. Und wenn die nicht hier wohnt, kann ich mit meiner Freundin mich in Kinderbetreuung abwechseln. Oder ich bringe die Kinder in den Kinderpark. Ich habe immer eine Möglichkeit, etwas zu tun, damit sich meine Bedürfnisse erfüllen!

7. Danke

Es bereichert unser Leben, wenn wir Danke sagen. Und es ist noch schöner, wenn wir erfahren, warum der andere uns dankt. – Unsere Kinder tun so vieles, das unser Leben schön macht! Sie drücken so oft am Tag ihre Liebe zu uns aus.

Nachdem Lisa eine halbe Stunde konzentriert gemalt hat, hält sie mir freudestrahlend ihr Bild entgegen: „Für dich!" – „Danke, das hast du schön gemacht!", sage ich üblicherweise und lege es zur Seite. Ich kann aber auch sagen: „Die Blumen auf dem Bild sind so bunt (Beobachtung), das gefällt mir und ich freue mich (Gefühl). Ich werde das Bild aufhängen, dann wird unsere Wohnung schöner (Bedürfnis). Danke!“

Spüren Sie, wie viel mehr Lebensfreude in unser Leben kommt, wenn wir Dank und Wertschätzung bewusst ausdrücken?

8. So wollte ich es nicht

Wenn Eltern sich auf den Weg machen, diese neue Sprache mit ihren Kindern zu sprechen, kommen sie oft an einen Punkt, wo sie sagen: „Bei mir klappt das nicht.“ Und sie sind dann enttäuscht über sich selber. Dieses Erlebnis ist ganz normal und zeigt an, dass sie auf den Weg zu einer Veränderung sind: denn sie sind mit ihren alten Erziehungsmustern nicht mehr zufrieden und nehmen genau wahr, was sie lieber anders gemacht hätten. Wenn man dann erkennt, dass es noch nicht gelingt, fühlt man sich frustriert.

An diesem Punkt ist es hilfreich, sich etwas Zeit zu nehmen und sich die Frage zu stellen: „Wie hätte ich in dieser Situation reagieren wollen?“ Schreiben Sie auf, wie Sie mithilfe der vier Schritte für beziehungsfreundliche Kommunikation die Situation lieber hätten ansprechen wollen. Und dann steigt die Chance, dass Ihnen dies das nächste Mal auch unter Stress gelingt. – Und wenn eine Situation eskaliert ist, können Sie sich dennoch auf einfühlsame Weise mit Ihrem Kind verbinden, indem Sie sagen: „Ich habe dich gerade angeschrieen. Bist du erschrocken, weil du dir einen freundlichen Umgang wünschst? – Ich bin traurig, dass ich geschimpft habe, weil mir ein freundlicher Umgang in unserer Familie auch wichtig ist – es tut mir leid.“

Sie werden einige Mühe aufwenden, um diese Sprache zu lernen. Ein Stück weit ist es wirklich so, als ob Sie eine neue Sprache lernen, eine Sprache der Gefühle und Bedürfnisse, eine Sprache, die uns verbindet, eine Sprache der Beziehung, eine Sprache des Lebens.

Ihre Kinder werden diese Sprache auch lernen – so wie sie vieles von uns lernen –, leicht und spielerisch, und das wird wiederum Ihnen gut tun.

Dann kann es passieren, dass Sie schreien: „Hier liegt schon wieder alles rum“ und Ihr Kind in aller Ruhe sagt: „Mama, bist du wütend, weil du Ordnung brauchst?“

9. Beziehungsfreundlich

Weil die Gewaltfreien Kommunikation auf sprachliche Gewalt verzichtet, heißt sie auch „Gewaltfreie Kommunikation“. Wir haben jedoch die Erfahrung gemacht, dass dieser Name oft Irritationen auslöst und Eltern sagen: „Das brauchen wir nicht, wir schlagen uns in der Familie nicht.“

Aus diesem Grund sprechen wir auch von „beziehungsfreundlicher“ Kommunikation bzw. Sprache. Diese Sprache hilft uns, Beziehungen so zu gestalten, dass wir „freundlich“ miteinander umgehen – dass wir „Freunde“ bleiben können. Und das gerade auch dann, wenn es zu Konflikten kommt. Und zu Konflikten kommt es zwangsläufig, und zwar umso mehr, je näher Menschen zusammenleben. Und in Familien leben wir nahe zusammen. In diesem Zusammenleben wollen wir Freunde bleiben – auch mit unseren Kindern: Das meinen wir, wenn wir von beziehungsfreundlicher Sprache reden.

Diese Sprache stellt die Beziehung in den Mittelpunkt. Wenn z.B. ein Glas herunterfällt, geht es nicht zuerst darum, wie wir die Scherben beseitigen. Zuerst geht es darum, wie es mir und dir damit geht. Und erst in einem zweiten Schritt können wir uns auf einer Sachebene darüber verständigen, wie wir die Scherben beseitigen. Doch zunächst sind die Menschen wichtig, wie es ihnen geht und was sie brauchen: Deshalb reden wir von beziehungsfreundlicher Sprache.

Wir wünschen uns eine gute Beziehung zu unseren Kindern, jetzt und wenn sie erwachsen sind. Und mit einer beziehungsfreundlichen Sprache gelingt es uns jetzt. Und wir sind zuversichtlich, dass das auch so bleibt, wenn unsere Kinder erwachsen sind.

Ulrike Frey

www.beziehungsfreundlich.de

Literaturnachweis und Empfehlungen

Letztlich war es ein inspirierender Gedanke in einem Elterntraining, der dazu führte, dieses Buch zu schreiben. Ich erklärte den Eltern, wenn Kinder etwas wollen, dann ist das ausnahmslos in Ordnung. Wir schützen sie und andere aber vor Gefahr, indem wir ihren Handlungsradius begrenzen mit einem Nein, bis sie selbst mit zunehmender Reife die Verantwortung für ihr Leben übernehmen können. Wenn wir Eltern wollen, dass die Kinder etwas tun, können wir nur auf ihre Freiwilligkeit vertrauen. Zwingen wir unsere Kinder, dann lehren wir sie erneut das Sklaventum.

Die folgenden Bücher waren für obige Inspiration Wegbereiter und sind somit auch Fundamente für Gedanken, Zitate und Texte in diesem Buch.

Bauer, J.: *Warum ICH fühle, was DU fühlst.* Hamburg: Hoffmann und Campe 2005
Hirnforscher belegen, dass wir nur mit sozialer Bindung und emotionaler Sicherheit lernen können. Auch sie vermuten, dass gegenseitige Hilfe und nicht Konkurrenz unser Überleben sichern kann.
Besser-Siegmund, C. & Siegmund, H.: *EMDR im Coaching.* Paderborn: Junfermann [2]2005
Besser-Siegmund, C. & Siegmund, H.: *Imaginative Familienaufstellungen mit der wingwave-Methode.* Paderborn: Junfermann 2004
Während der NLP-Ausbildung lernte ich das „Scheibenwischerverfahren“ kennen, welches heute wissenschaftlich EMDR genannt wird. Unabhängig davon bekam ich Kontakt zu Gary Craig, der dieses Verfahren weiterentwickelt hat zu einer Methode, die EFT „emotional freedom technic“ heißt und im Internet unter www.emofree.com zu erlernen ist. Diese Methoden werden in Randbereichen der Medizin gelehrt und unter dem Begriff „Psychologische energetische Medizin“ zusammengefasst. Mit diesen Methoden konnte ich mir und heute vielen anderen Eltern helfen, Wut zu bearbeiten, die uns zu irrationalen Reaktionen verleitet. Heilt diese Wut, können wir den Kontakt zu unseren Kindern aufbauen, nach denen sich Eltern sehnen.
Blickhan, D.: *Mit Kindern wachsen.* Paderborn: Junfermann [4]2003
Auch wenn die Autorin im Ernstfall angemessene und nicht zu harte Strafen empfiehlt (S. 292), kann ich über diesen Abschnitt hinweglesen, denn sie kannte zu jenem Zeitpunkt, als sie ihr Buch schrieb, noch nicht die Gewaltfreie Kommunikation. Im Übrigen ist das Buch empfehlenswert, weil es Eltern verhilft, sich in die Position des Kindes zu versetzen.
Brett, D.: *Anna zähmt die Monster.* Salzhausen: iskopress 2000
Die Geschichten, die Frau Brett erzählt, haben mich vielfältig inspiriert, meinen Kindern Geschichten zu erzählen, in denen Lösungen für Konflikte gefunden wurden, die Kinder erleben.
Brett, D.: *Ein Zauberring für Anna.* Salzhausen: iskopress 2000
Galtung, J.: *Menschenrechte anders gesehen.* Frankfurt: Suhrkamp 1994
Glöckner, A.: *Lieber Vater, liebe Mutter.* Freiburg: Herder 2002
Gordon, T.: *Familienkonferenz.* Reinbek: Rowohlt Tb 1987
Hahne, P.: *Schluss mit lustig.* Lahr: St.-Johannis-Druckerei [72]2004
Honkanen-Schoberth, P.: *Starke Kinder brauchen starke Eltern.* Berlin: Urania 2003
Das Werk nenne ich stellvertretend für die ungezählte Elternliteratur, die Eltern auf dem Markt finden können. Dort finden Eltern Tipps und Grundhaltungen, die die autoritäre Erziehung der letzten Generationen nicht mehr akzeptiert.
Jaspers, K.: *Vom Ursprung und Ziel der Geschichte.* Frankfurt: Fischer 1957
Jong, de, P. & Berg, I.K.: *Lösungen (er-)finden.* Dortmund: Modernes Lernen 1999

Kropotkin, P.: *Gegenseitige Hilfe.* Berlin: Trotzdem Verlag 1989

Peter Kropotkin ist einer der bekanntesten Vertreter des Anarchismus des 19. Jahrhunderts. Dieser Anarchismus vertritt eine Lebensform, in der der einzelne Mensch selbstbestimmt und eigenverantwortlich leben kann. Er sammelte als Naturwissenschaftler akribisch Beispiele aus der belebten Natur, die zeigen, dass nicht der Kampf gegeneinander, sondern die gegenseitige Hilfe der wesentliche Faktor bei der Weiterentwicklung der Arten war.

Miller, A.: *Am Anfang war Erziehung.* Frankfurt: Suhrkamp 1983

Miller, A.: *Das Drama des begabten Kindes.* Frankfurt: Suhrkamp 1997

Lange bevor ich daran dachte, selbst Mutter zu sein, verschlang ich die Bücher von Alice Miller und bekam eine Ahnung, wie sehr meine eigene Erziehung meine Persönlichkeit geprägt hat. Ehrgeizig verfolgte ich meine beruflichen und persönlichen Ziele und vermisste wie das beschriebene begabte Kind persönliche Zufriedenheit und Lebendigkeit. Mein innerer verletzter Kern war geschützt durch eine äußerlich harte Schale wie bei einem Ei.

Miller, A.: *Das verbannte Wissen.* Frankfurt: Suhrkamp 1988

Miller, A.: *Du sollst nicht merken.* Frankfurt: Suhrkamp 1983

Ornish, D.: *Die revolutionäre Therapie: Heilen mit der Liebe.* München: Mosaik 1999

Real, T.: *Mir geht's doch gut.* München: Scherz 1999

Rosenberg, M.: *Gewaltfreie Kommunikation.* Paderborn: Junfermann [6]2005

Selbsteinfühlung und Verständnis von Kontakt und Nähe lernte ich vertieft kennen mit diesem Bestseller.

Satir, V.: *Kommunikation – Selbstwert – Kongruenz.* Paderborn: Junfermann [7]2004

Sankaran, R.: *Die Empfindungen in der Homöopathie.* Bombay 2005

Seit 20 Jahren studiere ich die Homöopathie, die mich lehrt, den Menschen vorurteilslos zu beobachten, statt zu bewerten. Stellvertretend für ungezählte homöopathische Literatur, mit der ich mich beschäftigte, nenne ich das aktuelle Werk von Rajan Sankaran, in dem er mit einem neuen Verständnis den gesunden und kranken Menschen darstellt. Die in seinem Werk und in der gesamten homöopathischen Literatur geschilderten Krankengeschichten und deren Hintergründe verhelfen mir zu erkennen, was ein Kind für seine gesunde Entwicklung braucht.

Tolle, E.: *Eine neue Erde. Bewusstseinssprung anstelle von Selbstzerstörung.* München: Goldmann 2005

Tschöpe-Scheffler, S.: *Elternkurse auf dem Prüfstand.* Opladen: Leske und Budrich 2003

Wahl, K. & Hees, K.: *Helfen „Super Nanny" und Co.?* Weinheim: Beltz 2006

Die beiden zuletzt genannten Bücher verhelfen Eltern, sich im Dschungel der Elternkurse zurechtzufinden. Einen Ansatz jedoch, der den grundsätzlich freien Willen des Menschen und auch des Kindes bedingungslos respektiert, konnte ich in dieser Klarheit in keiner Literatur finden. Dafür braucht es die Gewaltfreie Kommunikation, die unsere Wahrnehmung der Welt und der mit uns lebenden Menschen revolutioniert.

Zurhorst, E.-M.: *Liebe dich selbst und es ist egal, wen du heiratest.* München: Goldmann 2004

Wertschätzend miteinander umgehen

256 Seiten, kart. • € (D) 19,90 • ISBN 978-3-87387-943-0

GOTTFRIED ORTH UND HILDE FRITZ

»Gewaltfreie Kommunikation in der Schule«

Das Buch zeigt Möglichkeiten, wie Lehrerinnen und Lehrer die eigenen Bedürfnisse deutlich wahrnehmen und klar ausdrücken, wie sie einfühlsam Dialoge mit Schülerinnen und Schülern führen und wie sie Konflikte als selbstverständliche und alltägliche Momente des Zusammenlebens gewaltfrei gestalten können. Wenn Beziehungen derart gelingen, können Lehren und Lernen leichter und das Leben in der Schule angenehmer werden.

Prof. Dr. Gottfried Orth ist Professor für Evangelische Theologie und Religionspädagogik und Leiter des Projektes Gewaltfreie Kommunikation – Theologie, Religionspädagogik, Schule.

Hilde Fritz, ist Mitglied des Schulleitungsteams der Albert-Schweitzer-Schule Gießen. Zusatzqualifikationen als Sprachheilpädagogin, in Ausländerpädagogik und als Lehrerin für Darstellendes Spiel.

Weitere erfolgreiche Titel:

»Gewaltfreie Kommunikation«
ISBN 978-3-87387-454-1
»Was deine Wut dir sagen will«
ISBN 978-3-87387-985-0
»Das können wir klären!«
ISBN 978-3-87387-951-5

www.junfermann.de